ノルマは逆効果

なぜ、あの組織のメンバーは自ら動けるのか

経営コンサルタント
藤田勝利

太田出版

第4章 ノルマに頼らずに結果を出す「マネジメント」の原則 127

はじめに ―― ノルマが結果に繋がらない時代に、成功する組織を創る

目標なのか、ノルマなのか

ある企業で働く2人のビジネスマンに、

「なぜ頑張って仕事をするのですか？」

と聞いたところ、以下の2通りの答えが返ってきました。

1人目：「自分には目標があります」

2人目：「自分にはノルマがあります」

この2つの答えの違いは、何を意味するのでしょうか。

この違いは、社員の成長、組織のマネジメント、顧客へ提供する価値、延《ひ》いては会社の業績に、どのような「影響」を及ぼすのでしょうか。

それが本書の重要なテーマの一つです。

実際には、自分たちが追っているのが「目標」なのか「ノルマ」なのか、その線引

きは明確でないでしょう。また、当初は「目標」であったものが、様々な環境的、心理的、人間関係的な文脈の変化から、いつしか「ノルマ」に変容することもあります。

いずれにせよ、本書ではノルマを、

「本人の意思から離れ、他者から与えられた、本人が主体的に同意していない業績目標値」

と定義します。追いかけている目標が、自分の内面から同意できるものではなく、外から「与えられた」ものであれば、それはノルマです。

さて、前述の2人のビジネスマンの違いは何でしょうか。誤解を恐れずに言えば、前者は、自身の目標実現のため、職場（会社）をその舞台として活用している人

後者は、自由意思と引き換えに義務を担うことで、職場での立場を維持している人

という違いです。このちょっとした違いが、会社や、そこで働く人の将来を実は大きく左右します。そして、この違いが生まれる原因は、マネジメントをする側にも、される側にも、どちらにもあるのです。

ノルマは「逆効果」

仮にノルマであっても、それによって人が努力をし、会社の業績向上につながり、社員にも給与が支払われるのであれば大いに結構ではないか、と考える人も多くいるはずです。

しかし、この本ではあえて、
「ノルマは、『逆効果』である」
と断言し、その根拠と、それに代わるマネジメントスタイル、そしてその効果について説いていきます。

ノルマとは、それを与える側にも、与えられる側にも、使命感や事業戦略的な意図が希薄な、無機的な「管理数値」です。使命感と事業戦略的な目的が見失われた組織がたどる末路は、誰の目にも明らかなはずです。

そのような組織では、人間の最大の武器であるクリエイティブ（創造的）に発想する力や、チームで協力し知恵を出し合う力、顧客が喜ぶ価値を日々創造し続ける力が抑圧され、不祥事や顧客とのトラブルも起きやすくなります。

本来は、「数値」自体が目標になるべきではなく、それら数値の前提にある
●社会的使命（なぜその仕事がこの世の中のために必要なのか）
●実現したい、ワクワクする未来の絵姿
●戦略的な意図や成功の根拠
がしっかり語られ、共有されるべきです。しかし残念ながら、私の知る限りこれらを自らの言葉で語れる現場のリーダーは恐ろしく少ないというのが現実です。皆、ノルマによる数値管理に慣れ過ぎてしまっているのです。

目標が「ノルマ化」した途端に、現場では「数字」が一人歩きします。それが人々のモチベーションを大きく低下させ、若手社員の離職にもつながります。

仮に、「ノルマを達成し、努力を通じて人も成長した」という場合があるとしても、そのようなスタイルでどのような「人材」が育っていくでしょうか。おそらく来年も、再来年も、数値による管理が継続され、数値目標のバーは際限なく引き上げられていきます。そう、社会や顧客、ライバルの中では大きな変化が起きているにもかかわらず、です。

そして最終的に、マネジメント層も、社員も、このようなジレンマにぶつかるのではないでしょうか。

「これが、本当に自分たちの求めている、人生をかけてやりたい『仕事』なのか？」

ノルマに頼らない「マネジメント」を

いつから会社は、「ノルマ数値」という見えないモンスターに支配される、無機質な存在になってしまったのでしょうか。

会社とは本来、目標を持ち、それを共有する人たちの集まりでした。旧くは坂本龍馬らによって創設され、現代企業のモデルともなった「亀山社中」も、また故井深大氏、盛田昭夫氏らによって創出された「東京通信工業株式会社（現ソニー株式会社）」も、はじめは「これをやりたい」「こういうものを生み出したい」という目標に共鳴した人が集まり、素晴らしい、イノベーティブ（革新的）な商品を世に生みだし、顧客を幸せにし、ファンを生み出し、結果としてその活躍のフィールドを広げてきました。

そのような職場で、当初ノルマという概念はほぼ無かったはずです。あったのは、「達成困難ではあるけれど、挑戦する価値のある」事業目標だったはずです。高度経済成長で巨大化、複雑化した日本企業の多くが、本来の輝きを失ってしまいつつあります。

しかし落胆する必要はありません。「ノルマ」的な方法に頼らずに、社員のモチベーションを高め、人が育ち、結果高い業績を上げている会社や組織も世の中にはたくさんあります。それらの会社が行っている「マネジメント」の中から、共通原則を見出し、誰もが実践できるようにご説明しようというのが本書の試みです。

ノルマというテーマに焦点を当てて話を展開しますが、

●社員が幸福に、自発的に働くことで、業績を高めていきたい経営者
●「マネジメント」に難しさを感じている現場のマネジャー
●ノルマによる管理に疲弊し、「仕事」「働くこと」について見直したい社員

に対し、ご自身の考えを整理して、新しい視点を得ていただける内容にしています。

最終章の第5章では、組織や人の働き方の新しい形について書いています。こちらを読んでいただければ、好むと好まざるとにかかわらず「ノルマ型の管理」がいかに

時代の流れに逆行しているかを、今起きている社会の変化という観点から再確認いただけるはずです。

１つでも多くの組織が、ノルマ依存の管理と働き方から脱し、本来の充実した仕事と働き方を取り戻すのに本書をお役立ていただけたら嬉しいです。

藤田勝利

第1章

「自分ごと」になっていない目標はすべて「ノルマ」

そもそも「ノルマ」とは何か

ノルマという言葉を調べてみると、以下の意味が紹介されていました。

「ノルマ（ロシア語：Норма、ラテン文字転写Norma）とは、半強制的に与えられた労働の基準量であり、大抵の場合時間的強制も付加される。」（Wikipediaより）

ずいぶんおどろおどろしい定義です。第二次大戦以後、シベリアに抑留された兵士たちによって、『ノルマ』という言葉が日本に入ってきたと言われています。シベリアにおいては「必要最低限こなさねばならない労働量」という意味でこの言葉が使われていました。この定義を見るだけでも、その苦役の過酷さや痛みが伝わってきて胸がしめつけられる思いです。

しかし、この定義は、本当に「過去」のものでしょうか。この「半強制的に与えられた労働の基準量」は現代の多くの企業にいまだに根強く残っています。もちろん、シベリア抑留の時代とは状況は異なります。飢えや寒さもないかもしれません。しかし、「会社で保証（社員としての安定、社会的ステータス、少しでも良い査定やボーナス）を得るために、果たすことを強要される義務」は多くの会社に残り、人の働きがいや主体性を著しく奪っています。

現代組織における「ノルマ」

先日、ある経済誌でマネジメントに関する寄稿をさせていただきました。現代のビジネスパーソンが、自ら目的を持ち、自身が内面に持つ資源を生かして、主体的に成果を挙げていく働き方、「セルフマネジメント」の考え方を書いたものでした。その記事に対して、ある読者の方から次の率直なコメントをいただきました。そのまま掲載します。

「知り合いのご子息は、誰もが名を知る総合電機メーカーで開発の仕事をしている一年目だ。彼は自分の働き方をコントロールすることなどまったくできない状況の渦中におり、まるでなにかのワナに嵌まったかのように身動きが取れずに過重労働を重ねる彼が、辞めるか死ぬか体を壊す以外の方法でそこから抜け出せるだろうかと案じている。筆者のいうような選択の自由や手段を残念ながら彼は有していない。（中略）大半の人、おそらく経営層も含めて、まるで罠にかかったかのように「やめられない」「抜けられない」現実のなかで、大半の人たちは立ち尽くしているのだ。」

おそらくこれが、多くの組織、特に知名度も歴史もある優良企業で起きている現実です。しかし、そういったノルマを課している会社にも、上司の方にも、またご本人にも、私はこう問いたいです。

「その数字目標が、人の命、人生にとってどれだけの価値があるのですか」

会社のために人があるのではなく、人と社会の幸福のために会社はあるはずです。上記の読者の知人の方の状況は主従逆転も甚だしく、いますぐ誰かが勇気を持って現状を変える努力をしなければ人の人生を壊すという最悪の結果に繋がります。また、それはその会社の未来をも破壊することになるのです。

ノルマの定義

「本人の意思から離れ、他者から与えられた、
本人が主体的に同意していない業績目標値」

前述の通り、本書では、ノルマを**「本人の意思から離れ、他者から与えられた、本人が主体的に同意していない業績目標値」**と定義しています。数値目標自体がいけないわけではありません。目標が励みになることも多いからです。しかし、半強制的にその数字が与えられている場合、すなわち受け取る本人が「自分ごと」として主体的に向き合えていない場合に、その数字は「ノルマ」です。

「うちの会社は、目標値をしっかり部下と話し合って決めている」と言う方は、部下の方が主体的にその目標を「自分ごと」としてどこまで腹落ちできているか、そこから考えなおしてください。自分ごととは、部下の方ご自身が「それをやる意義がある」「それに挑戦してみたい」「努力すればきっとできる」と感じられることです。実は、そのような実感を持たせることこそが上司として最も大切な仕事です。

「ノルマ化」はどの組織にも

その「数字」に意義、根拠、戦略はあるか

会社員の方に、上司に対する不満や要望についてヒアリングすると、ある共通した

答えが返ってきます。それは、

「経営層から落ちてきた数値目標をそのまま現場に落とし、達成のための戦略はおろか、数字の意味や意図も明確に語ってくれない」

ということです。この類の不満コメントは、圧倒的に多いです。本来は意味、目的、根拠があったはずの数値目標が、いつしか無機的な「ノルマ」に変容してしまうこともあります。もちろん、そうでない組織もあります。急成長した某アパレル企業で、数百人のスタッフを束ねていたマネジャー経験者の方がこのような話をしてくれました。

「その会社でも、各拠点に求められる目標数字は厳しいものでした。けれど、経営者や上長のメッセージから、その数字達成で実現される未来のイメージ、なぜこの数字なのかという意図、どのような経営戦略があるからその数字が出てきたのか、社員にもよく分かるようになっていました。」

現場の社員は、「数字」自体を否定しているわけではありません。ただ、その数字の先にある実現したい「未来のイメージ（ヴィジョン）」、自分自身もワクワクするような「目指したい成果（ゴール）」、その成果を目指すことで「自分も成長できるという感覚」といった、**数値以外の意味**も共有したり、深く話し合ったりできる環境を求めています。上司として成長するというのは、数字を達成するための管理能力を上げることではなく、「ヴィジョン、目的」と「数字」を連動させ、メンバーにそれを「自分ごと」だと感じさせ、その人なりの最大限に良い仕事を引き出すことではないでしょうか。

「誰にも意味がわからない数字」が組織を駆け巡る

数字目標を作成する管理者側にとっても、その数字に込められた**志**や**戦略的意図**が不明になっていることが圧倒的に多いです。意義や根拠が明確に見出せない、これらの数字は「ノルマ」です。

その数字に根拠がある場合は、上長も随時相談に乗り、サポートできる関係になります。そのようなサポートできる関係性の中では、逆に「ノルマ」が「目標」に変わることもありえます。上長とじっくり話し合うことで、ノルマ数字に意味や意思が宿り、自分の目標として腹落ちできる状態です。

しかし残念ながら、多くの会社では、数字目標を作る側も「その数字に根拠を見出すほどの余裕や時間がない」というのが現状です。ある管理者の方が私にいみじくも言いました。

「根拠を考えようとすると、つらくなるから、考えないようにしている」

そのような現場で、数字の根拠についてヒアリングすると、部門長からでさえ「自分にも根拠はわからない」という答えが返ってきます。「経営層にはその意味がわかっている」という言い訳は通じません。一部の上層部が数字の意図を握っていて、現場はそれを粛々とこなすだけであれば、かつての痛々しい苦役の時代とそれこそ何も変わりません。

「数字が良ければ良い会社」という幻想を捨てよう

ここで、私にとって忘れられないエピソードを書きます。約20年前、私は、ある有名業務機器メーカーのコンサルティングプロジェクトに配属されました。その会社は当時まさに業績絶好調。米国駐在経験の長い経営者が、最先端の「経営管理手法」を導入し、抜群の利益率を達成していました。著名ビジネス誌で「財務状況が良い会社ランキング」といった特集が組まれると、各項目ともダントツで第1位に選ばれる、という外から見れば「ピカピカ」の企業です。ところが、その会社の人事担当の方々が私に語ってくれた葛藤は、当時の私にとって意外なものでした。

「ここ数年、製造現場は徹底的に『合理化』が進みました。有名大学院の研究室から優秀な技術者もどんどん採用しました。しかし、会社が合理化して利益を出すプロセスと、技術者がいきいきと仕事をできる環境はイコールではないことに気づきました。」

「研究開発から製造のプロセスは徹底的な細分化が進んでいて効率も上がっています。しかしそれは、必ずしも技術者にとってうれしいことではないのです。それぞれの優秀な技術者が、『この技術が、全体の製品のどの部分に、どのように役立っているのか』が見えにくくなっています」

「彼らは、ひたすら部分的な作業を繰り返し、しかも重い数値的なハードルを日々突きつけられてその『業務』をこなしています。しかし、その製品が**『全体の何に、どのように役立っているか。利用者はどのように使って、何に喜んでくれているか』**は全く見えない。それは、想像以上にハードな環境のようです」

好業績の影に隠れた現場の悲鳴は、まだまだ続きました。

「せっかく優秀な人材を採用し、社内で教育したとしても、精神的な病により休職または退職を余儀なくされる。その人材が抜けた穴を別の誰かが補顚し、育成や採用をまたやり直す。残された人にとっても過酷な業務環境が続き、目標数字が達成しにくくなる。けれども、現場の事情はお構いなしに厳しい数字やルール遵守が上から求められる。だからますます数字に追われる、という具合に状況がますます深刻になっています。」

「10年前までは、コピー機やプリンターの新機種が開発されると、『貫通式』と呼ばれる職場の催しがありました。本当にささやかなもので、工場の食堂に、技術者、営業担当者や営業部長、支店長、マーケティング担当者などが缶ビール片手に集まり、新しく開発されたコピー機プリンターから紙を出力する。そして、鮮やかな印刷とともに紙が出力されると、集まった関係者たちから『拍手』がわき起こる。営業担当者らから『これすごいですよね』『お客さん、まさにこの機能をすごく欲しがっていたんだよ！』『これができるのはうちの技術部隊だけだよな！』などと楽しそうに声が上がる、そんな場でした。また、開発者同士で『ここの開発はもめたよなあ』などと今だから笑って語れる苦労話や、部門間で激しく意見を戦わせた思い出話も交換しました。そこには**温かい心の交流と誰かが自分の仕事を喜んでくれる実感**がありました……。しかし、管理の締め付けが厳しくなった今、そのような場は一切なくなってしまいました。」

この会話は、私が「マネジメント」について学ぶ重要な原体験になりました。会社が数字偏重になりすぎるとどういう「資産」を失っていくのか、深く考えさせられたからです。また、数字がよければ今後も継続的に利益を生み出す良い会社である、とは限らないことも痛感しました。実際に、数年後にこの会社の業績は下降を始め、2009年頃には、極めて深刻な業績悪化に陥り、最近ようやく徐々に回復の兆しが見え始めた段階です。もちろん、「ノルマ」「数字管理」による影響だけでそうなったわけではありません。しかし、数字が極めて良い時代の同社で、良い「マネジメント」が行われていたわけではないことは明らかです。

経営学者のピーター・ドラッカーは、その著書のなかで、こう書いています。

「いかに余儀なく見えようとも、またいかに風潮になっていようとも、基本と原則に

マネジメントの基本と原則

◎良い仕事がしたい！と思わせる　正しい動機づけができている
×人を仕事をやらせる対象としていかみていない。

反するものは、例外なく時を経ず破綻する」（ドラッカー『マネジメント』より）

「しかたないから、やるしかないから」、あるいは「これをやっている会社が多いから」といった理由が仮にあったとしても、その施策がマネジメントの「基本と原則」に反していると、遅かれ早かれその組織は崩壊するという意味です。ここでいう「基本と原則」とはどういうことでしょうか。それは、会社というのはあくまで人とその情熱、協力し合うチームワークで成り立つものであり、人は機械のように仕事を「やらせる」対象ではなく、活かして、自ら良い仕事をしたいと動機づけていく対象だということです。**人を過度な「数値管理」で縛ることは中長期的には必ず破綻に繋がる**、とドラッカーは警鐘を鳴らしています。

短期的な成功の繰り返しが、長期的な失敗になる

組織においては、短期的な成功の繰り返しが、長期的には失敗に繋がることがあります。例えば、仮に当期の数字ノルマを組織として達成したとしても、下記のような

現象が起きる場合です。少なくとも、私が見てきた多くの組織で起きていることです。

- 営業としてガンガン売り込む力は付いているものの、顧客のニーズをつかんだマーケティングや企画の能力は一向に高まっていない。
- 顧客と対話する時間や、顧客と繋がっている感覚が、以前より減っている。
- 組織の「縦割り化」がますます進み、組織間のコミュニケーションが悪くなっている。
- 社員、特に管理職層の疲弊感が強い。それを見て、若手も「管理職になりたくない」という人が増えている。
- 若手の離職率が高くなっている。
- 何かを変えたいと思っても、「ノルマ管理」「時間管理」が強すぎ、目先の業務以外のことに取り組む余裕がない。
- 「人材の育成に手がまわらない」というコメントが頻繁に出る。

これらはすべて**「短期的に成功しているように見える」会社が、「長期的な資産を食いつぶしてしまっている」**状態です。

「ノルマ管理」が生み出す「逆効果」

会社では「数字を持つ」という言葉がよく使われます。「数字を持てば一人前」だというニュアンスで使われています。しかし、考えてみればこの「数字を持つ」という言葉そのものが不自然ではないでしょうか。主体的な目的意識こそが先にあるべきであって、数字はその達成の目安や基準に過ぎません。その数字が主体性ときり離れてしまった時、**社員が本音のところでその数字を「自分ごと」として捉えられない時、「逆効果」のサイクルが起きます。**

●人の自発性を高めたいのに、受け身の社員が増えてしまう
●仕事の目的を共有したいのに、数字以外の情報は社員の頭に残っていない
●短期的な結果は出せているが、中長期的な成果が犠牲になっている

（中長期的な成果とは、例えば、人の育成、社員の当事者意識醸成、顧客からの信頼、顧客に

ノルマ管理が生み出す逆効果サイクル

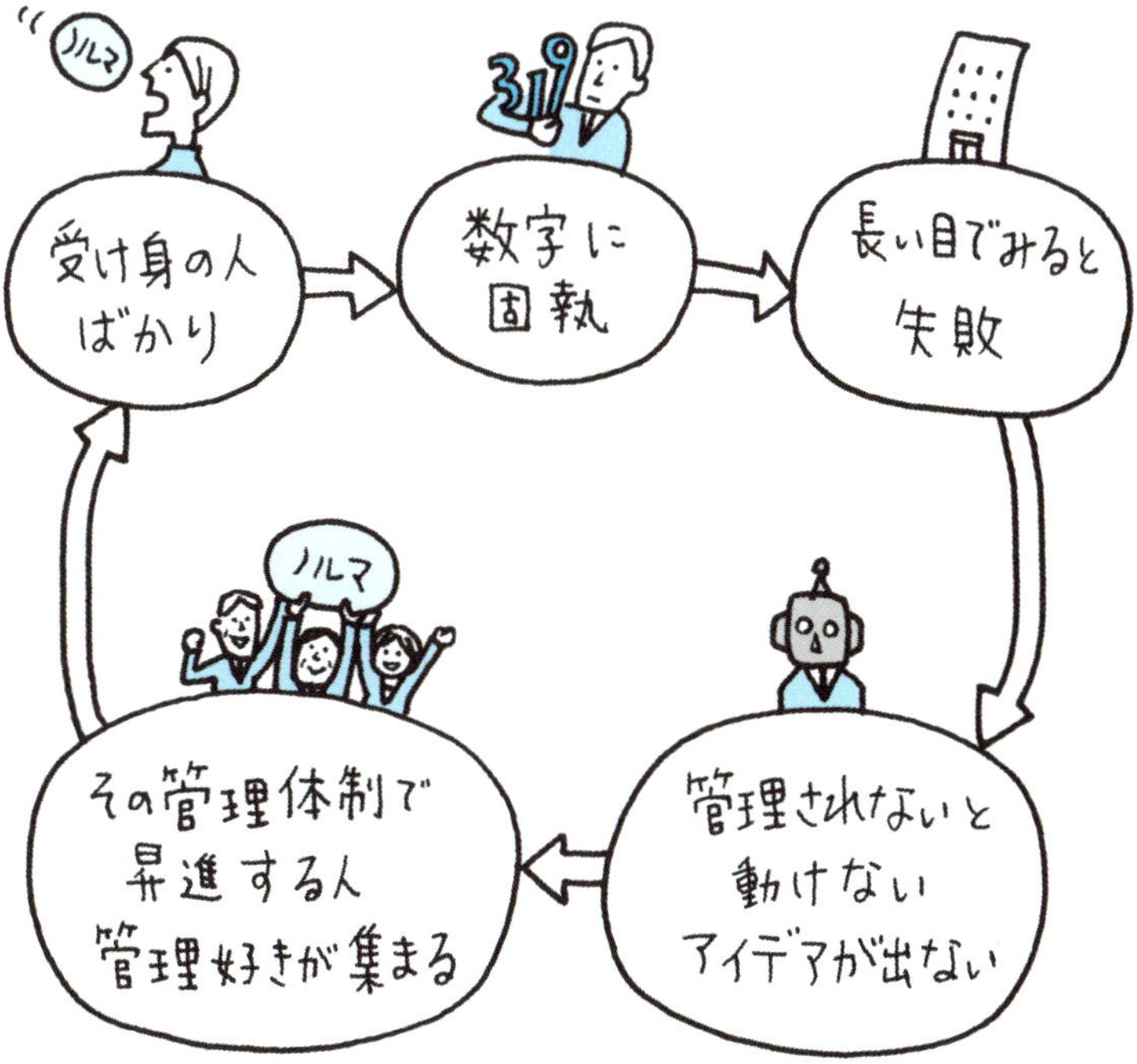

逆効果サインに気づきましょう

とっての価値向上、社員のやりがい向上など）

●指示通りに動ける人は増えるが、「イノベーション」を起こしにくい組織になる

（新しい商品やサービスのアイディアが生まれない）

●管理体制の中で昇進する人が増え、上層部に「管理」好きな人が集まる

（管理の悪循環が続き、主体性の高い人材が育ちにくい）

これらが逆効果のサインです。こうなってから、「うちの会社の社員は自分の頭で考えない」と嘆いても遅いです。これらはすべて原因があっての結果だからです。

逆に、社員がいきいきと仕事をし、仕事を通じて成長し、業績も好調な会社も沢山あります。それらの会社では「ノルマ管理」と逆のマネジメントを行っていることがほとんどです。この点は、後の章でくわしくお伝えします。

誤解を恐れずに言えば、経済成長期にノルマ達成によって名を上げてきた幹部クラスの社員の方々が、今、驚くほど成果を挙げられません。それは何故でしょうか。「知識資本の時代」とも言われる現代は、時代が大きく変わっていて、**クリエイティブ（創造的）に考えられる人材や組織が圧倒的に強い**時代だからです。

「自社から新しい事業が生まれない」「利益率がどんどん低下している」と嘆く経営幹部の多くが実は、自ら新しい事業をゼロから立ち上げた経験よりも、既存の事業を維持・発展させてきた経験がはるかに多いはずです。そしてさらに悪いことに、取締役クラスの方の多くが、若者の新しい発想やアイディアの芽を「大きな事業に繋がりそうにない」「業界をわかっていない」といった理由で却下してしまい、人材の活力を低下させています。自分たちが育ってきた時代とは異なるマネジメントが必要であることを理解できていません。

組織は、人の成長以上のスピードで成長しない

「ノルマ数字」に支配された仕事や会社というものから一旦目線を上げ、「会社にとって本当に大切な『成長』とは何か」を、今一度冷静に見直すべきです。

2014年、トヨタ自動車は、年間生産台数が世界で初めて1000万台を

超え、絶頂期を迎えていました。その年の決算説明会の挨拶の中で、豊田章男社長は、このように語ります。

「『持続的成長』とは、どのような局面でも、1年1年着実に『年輪』を刻んでいくことです。トヨタは創業以来、買収による拡大ではなく、1台1台の積み重ねでこれまで成長してきました。そして、今、世界販売1000万台という大きな変化点を迎えています。前例もお手本もない、誰も経験したことがない未知の世界で成長し続けるためには、人材育成と同じスピードで年輪を重ねていく、身の丈を超えた無理な拡大は絶対にしないという『覚悟』が必要だと思っております。」

この言葉は、特に欧米の投資家を驚かせました。世界の自動車界のリーダー格であるトヨタ自動車の経営者が「人材育成と同じスピードで成長を目指していく」と、即ち、**人の成長以上に会社組織を無理に成長させることはしないと**、断言したからです。

このエピソードは、鎌倉投信の創業者メンバーである、新井和宏さんのご著書から引用させていただいたものです。鎌倉投信のことはご存じの方も多いと思いますが、「良い会社」（本業で社会に貢献する会社を、鎌倉投信では「良い会社」と定義しています）を独自の基準で選び、それらの会社に投資するファンド「結い２１０１」を自社で運営されています。その鎌倉投信の運用責任者である新井さんが選ばれている会社は無理な数的成長を追わず、人材の育成と社会への貢献を通じて高収益を上げている会社ばかりです。それらの会社に投資している「結い２１０１」自体も、格付投資情報センター（R＆I）の選定する『R＆Iファンド大賞』も受賞しており、名実ともに優れたファンドです。

その新井さんが挙げられていたこのトヨタ社長のエピソードには本当に考えさせられます。おそらく、豊田章男社長は、２００９年から２０１０年にかけてトヨタ社自体が直面した米国でのリコール問題を苦い教訓としているはずです。それらの痛みから得た「人材育成と同じスピードで会社を成長させていく」という覚悟ある言葉から、人を置き去りにしてきた、すなわち人のモチベーションや成長を二の次にしてむやみに規模や利益を競うように拡大してきた企業の多くが学ぶべきことは多いでしょう。

まとめ

意味のある目標がいつのまにか、
短期的な結果だけを追い求める「数字」の一人歩きによりノルマ化していく。
ノルマ化による逆転現象は、人、延いては企業の成長を妨げる弊害でしかない。

第2章

ノルマに追われた人、組織はどう変わってしまうのか

ある若手社員から見える「景色」

企業に勤める若手社員の方が、入社して少しずつ職場に慣れていく過程で、会社や仕事の「見え方」はどう変わっていくのでしょうか。ここに、ストーリー形式でまとめてみます。

桜咲くころ、大学を卒業し、夢と希望に溢れてスタートさせた社会人生活。新しいスーツや仕事道具を身につけ、胸は踊ります。新入社員研修期間は、同期に囲まれ、学ぶことどれもが新鮮です。自分の意見やアイディア、そして将来の希望も存分に語れる環境で、充実感を感じています。規則正しい生活にはなかなか慣れず、多少の疲れはあるものの、モチベーションは依然高い状態です。

しかし、職場に配属されてしばらくすると、景色が変わってきます。これまで研修で語り合っていた理想から、急激に「現実」に引き込まれる感覚を覚えます。

「まずお前も、数字を持ってからがようやく一人前だからな」

「数字を達成してから意見を言おうな」

「今月の数字はどうなっている?」

「数字が上がらないと何も始まらないよな」

組織の存在意義も、自分自身がその場に居られる存在価値もすべて「数字」という尺度の中におとしこまれてしまう感覚です。自分は営業職ですが、製造部門に配属された同期も同様だと言います。基本は、「数字以外はほぼ見えない」という状態が続いています。この頃から、「仕事ってこういうものなのかな……」という漠然とした失望感を感じ始めます。

部内での会議の資料も、細かい数字の記述ばかりです。不思議なもので、良いことが書いてあっても、その下に細かい数字データが書かれていると、その企画への「共感」が薄らいでしまう感覚を覚えます。そこに、感動が何も起きないのです。

就職活動をしていた時期はずいぶん前のように感じます。あの頃は一生懸命「自己PRと志望動機」を練りこんでいたな、と懐かしく思い出します。自分の長所、強み、将来の目標などを一生懸命語っていました。また、就職活動で出会ったリクルーターと言われる社会人の先輩は皆一様に輝いていきいきとして見えました。

しかし、自分の強みや長所を意識することなど、職場に配属されて半年もすると、ほぼ全く考える余裕がなくなりました。むしろ、職場では「自分は何ができないか」「何ができるようにならなければいけないか」という克服すべき弱点や欠点ばかりにフォーカスがあたります。上司や先輩からの厳しい指導が、それに拍車をかけています。

「会社とは、仕事とは、こういうものだ」

企業人としての「常識」が自分の中に育っているのを実感する日々です。

「具体的すぎる目標」だけでは人は動けない

会社のほとんどの現場で、「数字」というあまりに具体的すぎる目標だけが一人歩きしています。しかし本来、人間の脳が情報を受け入れるプロセスは、「抽象」→「具体」の順番だと言われます。

「親友が喜ぶ素敵な誕生パーティをしてあげたい」→「具体的にはどの会場で、何人くらいで、どのような食事をしようか」、あるいは「フルマラソンを完走して、経験したことのないような達成感を得てみたい」→「具体的には、いつから、どのように走るトレーニングを始めて、1週間でどれくらいのペースで練習していくか」といった具合です。このように、人が情報を「自分のもの」にするには、本来、「抽象（ポジティブなイメージ）」→「具体（具体的な必要作業や条件など）」というプロセスを必ず通ります。

しかし、現代の多くの会社での情報伝達はどうでしょう。上記の新入社員の例にあるように、いきなり具体的な「数字」に始まり「数字」に終わるような職場がほとんどではないでしょうか。これは**人間にとって最も不自然なコミュニケーション**が行われているということです。

株式会社ディー・エヌ・エーが2017年春に、キュレーションサイト上の情報の無断転用に関する不祥事を起こしました。医療情報キュレーションサイト「WELQ［ウェルク］ココロとカラダの教科書」上の多くの情報を他サイトから無断転用し、

「具体的すぎる目標」だけでは人は動けない

脳が情報を受け入れるプロセスを理解しよう

さらには、明らかに医療の観点からは誤っている情報が掲載されるなど、医療情報の信憑性が問題視され、一連のサイトは全面非公開に追い込まれました。

この件の謝罪会見で、同社の経営者は、「『数字を上げなければ』というプレッシャーから、いつしか社会性や倫理といったものを軽視してしまっていた」という内容の釈明をされました。私は、このコメントに心底驚きました。一部上場企業の経営者ともあろう人が、具体的な数字のことばかりが頭にあり、企業としての本分や使命が何かを認識ができていなかった、と認めているのです。

「ノルマ」から顧客が買いたい「価値」は生まれない

今日の消費者は目が肥えています。一昔前とは違って、ネットを通じて世界中の商品を閲覧し、豊富な情報を持ち、見知らぬ購買者たちの口コミを頼りに、買うか買わないかを判断しています。さらに、購買以外にも「シェア」や「自分たちでつくってしまう」といった新しい選択肢を有しているのが、現代の消費者です。このような時

代に売れるのは、

●作り手の顔や声が届く商品
●作り手のこだわりや創意工夫、アイディアが凝縮された商品
●カスタマイズされた、他では買えないようなオリジナルな商品

などです。そのためには社員が市場の変化やニーズをしっかり見極め、顧客に「是非買いたい！」と言ってもらえるような商品アイディアを生むことが必要です。

しかし、残念ながら「ノルマ数字」による管理で動いている会社からはそのような新しいアイディアが出ません。「数字」が目的化している組織なのですから、社員も新しいアイディアを生み出すことは二の次になります。**新しいアイディアが生まれないということは、新しい「価値」も生まれない**ということです。これからの新しい時代のビジネスを考える上で、致命的だと言わざるをえません。

ノルマは最も大切な「人間の力」を奪う

今、30代~40代中盤くらいの社員の皆さんの疲弊感がとりわけ高いと言われています。就職期がちょうど「氷河期」にあたり、多くの会社で人数ボリュームが少ないと言われるこの層が、会社の中核になり、上からも下からも挟まれて、最も疲弊している世代かもしれません。

インタビューをすると、この若手リーダー層は総じて、「数字ノルマ」に追われていることがわかります。上の世代の人数も役職者数も多いため、自分自身の主張をし辛い上に、入社10年を超えるという立場上、弱みも見せづらい。営業部門でも、生産部門でも、あるいはスタッフ部門の方でも、経営層から降りてくる数値目標に疑問があったとしてもそれに声を上げることができず、また下からの不満を吸収するという日々に疲弊しきっている人が多いです。

このような現状を見ると、ノルマが、仕事において最も重要な「人間の力」を大きく奪っていることを痛感します。人間の力とは、端的に言えば、**「自らの意思で動き、自ら創意工夫をして仕事の質を高めていく力」**です。これは人間にしかできない、ビジネスの貴重な原動力です。この力が低下した組織は、いつしか社員の目から覇気が薄れ、指示されたことだけを粛々とこなし、

「本来はもっとこうあるべきだ」という思いを封印して、日々の業務に邁進することになります。

「ノルマに慣れた管理職」が経営者、リーダーになれない理由

ノルマによる管理のもっと深刻な副作用は、「上司」が育たないことです。上司にとって最も大切な能力とは何でしょうか。それは、**「部下が仕事の意義を理解し、共鳴し、自発的に動くための働きかけをすること」**です。もちろん簡単なことではありません。しかし、チームを束ねて成果を挙げている良い上司を観察していると、共通するのは、この一点だと分かります。

「ノルマ数字」にはほぼ何も意義や意味が込められていません。その数字がなぜ必要か、なぜ重要か、ということを自分の言葉で語ることができる上司は本当に少ないのです。「ノルマ」という、抗いようのない「印籠」の力でメンバーを動かすことに慣れた人は、一段上の経営ステージに上がった時に必ず壁に直面します。それは、

数字目標を達成することが主目的

自分自身の信念を込めた言葉で、
ヴィジョンや戦略を語ることができない

「自分自身の信念を込めた言葉で、ヴィジョンや戦略を語ることができない」という壁です。部下の人数が少ない時は、ノルマ数字の管理だけでも仕事が進んだかもしれません。しかし、昇進してより多くの人数に対峙した時に、数字でしか物事を語れないリーダーには誰もついてきません。そしてこの「壁」は、多くの組織で「次世代経営リーダー候補が育たない」「創業者の後継者がいない」といった悩みを聞く中で、ますます深刻になっていると実感しています。

「数字」の追求と「戦略」は全く異なる

私は、ある企業の役員会で、経営幹部の方と会話をして愕然としたことがあります。事業への投資を決める重要な会議の場で、「やる」「やらない」の議論が延々と続いていました。そこで私から、

「経営層でもう一度、この事業の『戦略』的な意図について、共有しましょう」

と提言し、会議を仕切り直そうとしたところ、一人の参加者から、

「戦略はここに書いてありますよ」

といって見せられた（放り投げられた）一枚の紙が、5年間の収支目標のエクセルシートでした。その経営幹部の方は、有名大学卒で、もちろん大変優秀なビジネスパーソンです。それなのに、いわば「数字の羅列」を「戦略」だと堂々と明言するその感覚に正直驚かされました。戦略とは本来、

「（多数ある選択肢の中から）狙うべき『的』を決めて、その的に自社の『強み』となる資源をぶつけていく」

活動の総称です。「的」と「強み」の二つの話題が、戦略を語るときには不可欠です。この選び抜かれた「的」に「強み」をぶつけることで、自社独自の価値が生み出されるからです。

戦略は、組織のモットーやスローガンでも、もちろん目標数字の羅列でもなく、「成功への道筋」を合理的に示すものでなければなりません。例えば、サッカーチームの監督で、

「今日は、前半で2点、後半で3点奪って、絶対に勝つぞ！　いいな！」

という指示を繰り返すだけの人と、

「相手は強いが、このポジションの選手間の連携は極めて弱いことがわかっている。そこを、攻めよう。ここに、うちの武器である○○のスピードを生かして攻め込む時間を増やそう。特に相手の足が止まり始める後半15分以降が狙い目だ。その時間、特に集中して狙いに行こう。」

と説明する人とでは、どちらの監督についていきたいでしょうか。当然、後者の方です。彼は、戦略という言葉を使っていなくても、戦略を語っています。戦略を語るから、チームメンバーの「成功（勝利）に向けたイメージ」が統一されていきます。統一されるから、相互協力が生まれてくるのです。

「サッカーとビジネスは違う」と簡単に片付けることはできません。上記のサッカーの例で言う「相手の弱点」が、ビジネスでは「満たされていない顧客のニーズ」と置き換えられます。サッカー界よりも、経営に関する知識が豊富な人材が多いはずのビジネス界（企業）で、前者のような「監督」が圧倒的に多いことが異常です。これも、「ノルマ数字」に慣れすぎた管理職が多すぎるデメリットの一つです。

「数字」の追求と「戦略」は全く異なる

戦略は数字ではない
選び抜かれた「的」に「強み」をぶつけることで、
独自の価値が生み出される

利益の話をすると怒られる会社？

日本を代表する起業家が設立した会社で働いた経験のあるお二人に話を聞いたところ、共通した体験談を聞くことができました。それは、

「現場で『利益』の話をすると、叱られた」

という話です。お二人が働いていたのは、一社がソニー、もう一社がファンケルです。両社とも、他社が真似できない、ユニークで最高品質の製品を世に出すことを社員に強く求めました。優れた製品を生めば、利益は当然後からついてくると考えたため、現場で社員が「こうすれば利益が出る、出ない」といった話を持ち出すことは厳禁とされたそうです。

翻って今日、一般的な大企業のマネジメント現場ではどうでしょうか。「利益のことを説明しないと叱られる」という企業は多いですが、その逆はあまり聞きません。株主の影響力と発言権が増し、株主が最も求める「利益」に強く固執し、効率化を徹

底して進め、利益の増減に一喜一憂せざるをえない状況にあるのが多くの日本企業の実態です。結果、短期的には何とか数字が整い、収益が上がり、株主も潤ったとしても、なかなか持続しません。

持続しない主な原因は、社員の心がその仕事から離れてしまうことでしょう。「何のために働いているのか？」「何のために、一生懸命数字を出しているのか？」という問いに答えを見出せず、その会社を去っていく人が増えるはずです。

なぜ社員は「受け身」になっているのか？

一方で、経営層や上長の側から見ると、社員に対して圧倒的に多い不満は、

「社員が受け身で、自分の頭で主体的に考えたり、判断したりすることをしてくれない」

ということです。

なぜ、社員は受け身になってしまうのでしょうか。「そもそも、今の若手社員には

創造性や発想が乏しい」と言う人もいます。しかし、これは全く事実ではありません。実際に、仕事以外のプライベートや趣味の活動では、驚くほどクリエイティブで独創的な活動をしている若手もたくさんいます。人は、そもそも「創造性」を内面に備えているのに、職場ではそれが発揮できない。これこそが問題なのです。

持っている創造性の一部でも発揮したら、

「ルール上はこうなっているけど、この作業はこのやり方の方がうまくいく」

「こうした方が、お客さんはもっと喜んで購入してくれる」

「あの部署と意見がぶつかっているけど、こういう話し合いをすれば、分かり合えそうだ」

といった文字どおり創造的な案が生まれてきます。創造性とは必ずしも大きな発明や大胆な製品デザインといったことだけではなく、日々の業務でのちょっとした「創意工夫」や、小さな「壁を越える挑戦」の中で発揮されるものです。

社員が仕事で「受け身」になり、創造性、主体性を発揮できない理由はいくつかあります。主なものは、

「仕事の目的がわからない、あるいは与えられた目的に共感できていない」

「仕事にやりがいや意義を感じない」
「数字ばかりを追いかけることに疲れた」
「上司との間に信頼関係がない、何らかの理由で心を開けない」
「これ以上業務負荷が増えるのが怖いから、無難に、そこそこでやり過ごしたい」
「上司のテンションが高く、エネルギッシュすぎて、無意識に『受け身』になってしまう」

などです。いずれも、上からの管理を強めれば強めるほど、その上長と部下の間の溝は深まります。「なぜこんなに受け身なんだ！」と部下を非難する前に、「受け身になってしまう理由はなんだろうか？」と考えてみる方が生産的です。

数字を追えば追うほど、数字が上がりにくくなる

「ミッション」「顧客満足」「チームワーク」「コミュニケーション」……経営層の訓話や研修の場では、数字以外の重要なことがたくさん語られます。その場では、「それ

が大事だよなあ」と思っても、いざ日常業務に戻ると、毎日が数字との格闘、という人も多いはずです。数字目標は、他の定性的な目標より何倍も速く、直接的に相手の意識に残ります。そのため、

「今月、あと何件で目標達成だ？」

「どれだけコストを下げられる？」

「四半期目標に何パーセント足りない？」

「あいつは、結局いくら受注している？」


など、すべての業務活動を「数字」によって評価する会話が、ほぼどの企業でも当たり前に行われています。

実はこれは大変危険です。「数字」というのは、それ自体を貪欲に追えば追うほど実現が難しくなるという厄介な性質を持つものだからです。なぜ難しくなるのか。それは、健全な数字とは本来、**「顧客が満足する価値を提供することで得られる結果」**だからです。原因があって結果が得られるとすれば、結果である数字だけを追えば追うほど、徐々に数字の結果が生まれにくくなります。社員が努力を向けるべきは、結果よりも原因の方です。例えば、

「どうすれば、今月あと300万売り上げられるか？」

と考えていても答えは出にくいです。それを、

「顧客が300万円でも喜んで買ってくれる『価値』を提供できるとすれば、それはなんだろう？」

という問いに変えることで、いろいろな方法を思いつきます。考える対象を「数字（結果）の出し方」から「喜ばれる価値（原因）の生み出し方」に変化させることが必要です。仕事の評価を数字でしか判断できていない企業は、この「原因」に注目できません。

なぜ組織は「冷えて」しまうのか

「営業が楽しくない」ある有能な営業マンの叫び

ある住宅資材関連商品を扱う老舗中小企業の若手リーダーを集めた10名ほどの研修の場でのこと。その場に、その会社の社長も加わり、若手リーダー達と意見交換をしました。社長からは、「せっかくの場だから、会社のこと、営業方針のことなど、疑

問や意見があればどんどん出して欲しい」というメッセージが出されました。

しかし、ご多分にもれず、こういう場ではなかなか意見が出ないものです。お互いへの遠慮もあってか、誰も自分自身の意見を明確に語ることができませんでした。

モヤモヤした会話が続く中で、とりわけ寡黙な営業マンが、口を開きました。

「何というか、なぜかはよくわからないのですが、営業の仕事が今はまったく楽しくないです。」

受注額の大きいある大手住宅メーカーがその営業マンの主要顧客です。大手なので売上額は大きいものの、まるで「雑用係」のように面倒な作業指示や無茶な要望が出され、手間がかかっています。そのため、売上額の割に利益がなかなか上がらない状況でもあります。心踊らない仕事でも、会社として数字が重要なので、なんとか我慢してやっている、というのです。

「数字が上がるから、こういう業務をこなしていかなければ、と頭ではわかっているのですが、その仕事をやっていても自分自身は全然営業の楽しさを感じません。」

この営業マンの言葉が呼び水になったのか、別の営業マンも発言しました。

「今は、せっかく頑張って受注をとってきても、利益率が低いなどと文句を言われることが多いです。そこに楽しさはほとんどないです。以前のように、営業を楽しいと感じたいです。」

これらの社員の、特に会社への貢献度が大きい営業マン達の本音の声を聞き、社長は少なからずショックを受けているようでした。これまで形式的な報告やコメントは上がってきていたものの、ここまでストレートに「楽しくない」という感情的な表現が使われたことに対して、本気で覚悟ができたようでした。

この会社に限らず、営業担当者全体が冷えた感じで、仕事への情熱やこだわり、製品への愛情が感じられない、という意見は最近よく聞きます。なぜ、営業という仕事が楽しいものでなくなっているのでしょうか。端的に理由をひとことで言えば、**「営業の『目的』の話よりも、『手段』の話の方が圧倒的に多くなっているから」**だと私は思うのです。

目的とは、本来、
「そもそも、この製品はどのようなユニークな価値を顧客にお届けするものか」
「それを価値として最も喜んで買ってくださるお客様はどんな人たちか」
「我々がナンバーワン、オンリーワンの存在になりたい分野は一体どこか」

「その営業活動を通じて、自分はどんなやりがいや成長を手に入れたいか」

といったことです。一方で手段とは、

「直販で売るか、代販で売るか」

「一人いくら販売するべきか」

「何社訪問するか」

「営業担当者の行動をどのように管理するか」

「どんな販促手法を使うか」

「必要な事務作業はどういうことか」

「受注上のルールはどういうことか」

などです。実際、多くの営業現場で語られている「手段」論はこの数をはるかに上回るはずです。


その「手段偏重、目的曖昧」な状態が、社員から仕事に対する「熱」を奪ってしまう原因です。当然のことながら、「手段」の話が人を駆り立てることはなく、いつの時代も、またスポーツであれビジネスであれ、人を熱い情熱で駆り立てるのは「やりがいのある目的」以外にないのです。

組織が「冷え」ていく要因

目的より、手段の方が
圧倒的に多く語られる現場は要注意!!

数字を除いた時に、その会社に何が残るのか？

残念ながら、前述の役員の方や、前者のサッカー監督と同様の会話や発想はほぼどの企業の役員室でも行われています。私自身、自分が勤めていた企業でも、また別の企業でも同様の発想に何度も遭遇しました。

数値管理にばかり意識が向いている組織には、経営として大きな欠陥が生まれます。それは端的に言えば、

「数字へのコミットメントを除いたら何も残らない組織に成り下がってしまう」

ということです。例えば、

「顧客から、商品の魅力や差別化ポイントを聞かれても、いきいきと自信を持って答えることができない」

「社員同士で商品の改良点や改善アイディアを日々話し合うような場がほぼ全くない」

「新しいマーケティングの方法や、顧客が驚き感心するような提案が生み出されない」など、直近の数字以外のことには意識が向かわないので、数字をとったらその組織には何も残らないという危険な状況になるのです。数字やルールを守ることには長《た》けていても、創造的なアイディアや心躍るような未来のビジョンがその組織から生まれることはなく、遅かれ早かれ、市場での競争から脱落していきます。

業績が低下してから急に「クリエイティブでイノベーティブな組織」に生まれかわることなどありえず、経営的にどんどんジリ貧になります。経営学者のピーター・ドラッカーは、以下の言葉で、そのような経営リスクを端的に指摘しています。

「利益の最大化のみを目的化する企業は、短期的視点からのみマネジメントされるようになる。その結果、企業がもつ富の増殖機能は破壊されないまでも、大きく傷つく。結局は業績が悪化していく。しかもかなり速く悪化していく。」（ドラッカー「ポスト資本主義社会」より）

利益やノルマ数字という短期的なゴールを主眼としてマネジメントをしてしまうと、その会社が本来発揮することができたはずの「富の増殖機能」（ワクワクする新技術や商品を開発する能力や、創造性を追求する組織カルチャー、顧客との信頼関係を創り上げる人財育成力など）が大きく傷つき、まさに『空洞化』したような企業となり、最も求めていたはずの業績すらも急降下していくという警鐘です。多くの企業を観察し、まさにこの言葉の現実感を私は日々実感しています。

「必要であっても意味を感じられない」仕事

就職ランキングで人気企業の一角を占めてきた有名企業であっても、入社5年目以内の社員の離職率が5割を超えるという会社もあります。これからの事業を担う若手社員離脱の理由として共通していることは、

「このままこの仕事をしていても、**未来が描けない**」

ことです。

「ミレニアル世代」という言葉があります。1980年以降に生まれた人、すなわち2000年以降に成人を迎えた（迎える）人たちを総称して「ミレニアル世代」と呼びますが、そのミレニアル世代の若者たちの仕事観で代表的なのは、

「必要ではあっても、退屈で、意味を感じられない仕事が苦手」ということです。これまでは、人気企業であるほど、上長や先輩が、「エクセル入力」や「コピーとり」といった単調な仕事をあえて新人にやらせて、「一見退屈な仕事でも、そこから意味を見出し、主体的に取り組めるか？」を試すということがよく行われていました。しかし今や、その「テスト」によって優秀な社員がモチベーションを失ってしまうリスクが以前よりずっと高くなっていることも知っておくべきでしょう。

現代は、退屈な仕事をするのは無駄だと考える若者が以前よりも圧倒的に多くなっています。自分の人生を豊かにすることが重要で、会社の仕事にも人生の目的との「繋がり」を求めています。誰もが退屈で無駄だと思うような業務は、それこそITにやらせるべきだと割り切っています。「仕事観」をかざして、それをいくら叱ったところで、時代の変化なのでどうしようもありません。

「数字」以外の面で、自分にも、他人にも厳しいリーダーが必要

目の前の仕事の先にある夢は見えているか？

経営である以上、数字という結果が出ないことには失敗します。しかし、数字自体の達成のために社員の目標や行動を縛る「管理」がもはや限界にきていることは、ここまで書いてきたとおりです。前述のとおり、必要なのは、数字そのものというよりも、その数字を生み出す「原因」を刺激し、それが生まれるようにマネジメントすることです。数字を生み出す原因とは、例えば、

- モチベーション高く、研究、探求熱心な社員
- 社員間の積極的な議論やチームワーク
- 有意義でやりがいを感じる目的の共有
- 新しいアイディアを生み出すことを奨励する現場のカルチャー
- 社員の成長を支援する教育

などです。これらの原因となる種が、組織の末端にまで育っていくためのリーダー

シップを発揮できているか。組織を率いる人は、その点に自ら厳しい基準を置いて、指導力を発揮するべきです。そのための具体的な方策について、次の第3章以降で詳しくご紹介していきます。

ある場で、後に本田技研工業の常務になる方が若手時代のエピソードを語っておられました。引用します。

創業者である本田宗一郎さんが現場に顔を出す時はいつも、ピリピリとした緊張感が走った。初めて現場で本田さんと顔を合わせた時のことは忘れられない。本田さんが、我々の仕事現場に来て、

「今、どんな仕事をしているんだ？」

と質問された。黙って説明を聞いた後に、本田宗一郎さんが発した言葉は意外なものだった。

「わかった。それは、世界一になれるものか？」

質問は、ただ、その一点だった。そして、その問いへの回答が曖昧だと、ひどく叱られた。本田さんが気にしていたのは、細かい手段や手順よりも、「現場の仕

事が、**世界一の仕事に向かっているかどうか**」だった。

事業会社というのは、本来そういうものです。事業における主役は「管理」でも「株主利益」でもなく、まず何より「ワクワクするような目的」であるべきです。この20～30年、管理主体で行われてきたマネジメントは、ここまで述べてきたとおり、完全に限界に来ています。今こそ、「マネジメント」の根本的な考えを変えていかなければ手遅れになります。第3章以降、その点をくわしく書きたいと思います。

まとめ

ノルマ管理に慣れすぎると顧客にとっての価値を創造する力、自ら仕事の質を高める力、といった最も大切な「人間の力」が失われていく。よって優れたリーダーや経営者が育たない。

第3章

ノルマのない会社に共通する習慣

企業の「生命線」とは何か

企業が正しく業績を上げて成長していく生命線とは何でしょうか。私は、

「顧客が心から喜んで買いたいと感じる『価値』を提供すること」

「入社した人が、その組織の中で仕事を通じて『成長』すること」

「これらが継続的に行われるための『組織風土』が根付くこと」

の3つだと考えています。


残念なことに、これらの生命線をノルマによる管理はことごとく壊してしまいます。これら3つの条件を無視して、むやみに短期的な「結果」を追い求めすぎ、結果が出なければなおさら焦ってノルマ的な管理を強める、という悪循環です。その先に、中長期的な視野で組織の生命線を育てていく意図は感じられません。

企業の生命線とはなにか？

顧客に価値を提供すること
人が組織を通して成長すること
継続的に行われる風土が根付くこと

経営を好転させる「見えない資産」

繰り返しになりますが、本書でいう「ノルマ」とは、**「本人の意思から離れ、他者から与えられた、本人が主体的に同意していない業績目標値」**です。数字を与える側ではなく、受け取る側が**「その数字をどう受け止めるか」**が全てです。モチベーションを掻き立てる「目標」ととるか、やらされている「ノルマ」ととるか。その差が、業績にも、人の育成にも、モチベーションにも大きな違いをもたらすことになります。

例えば、同じ5人の組織でも、受け身で数字達成に向かっている集団と、全員が自らの意思で目標に向かっている集団で、仮に短期的には同じような数字結果を生み出したとします。数字は目に見えるので、人はそれで全てを判断しがちです。ノルマでガチガチに管理した結果だとしても、「なんとか数字が出たからいいだろう。引き続き頑張ろう」となります。

しかし、**見えない資産**の面では、圧倒的な差が生まれてしまいます。人の成長、組織へのエンゲージメント（愛着心）、仕事への誇りや満足感、顧客からの評価など、実は経営に大きなインパクトを与える目に見えない指標においては、埋めがたい差が生まれるのです。そして、**目に見えない資産の有無が、目に見える業績に影響を及ぼします**。例えば、見えない資産が豊富に蓄積された企業では、

●働きがいを感じる社員が多く、離職率が低い
（採用、育成コストが圧倒的に低い）
●顧客からの信頼が厚い
（顧客離れのリスクが低い、継続受注を受けやすい）
●社員が自ら改善案を提案し、話し合って進めている
（管理コストが低く、現場での意思決定が早い）
●他者が容易に真似しにくい、新しい商品・サービスアイディアが生まれやすい
（他社との差別化ができるので、価格下落しにくく、利益率も上がる）

など、売上、コスト、利益といった最終的な「目に見える業績結果」に影響を与えて

います。

にもかかわらず、実に多くの企業が、まるで利益を生み出すための機械を操るかのように、ノルマによって管理しているのは何故なのでしょうか。それはもちろん、時間がない中で、ノルマによって人を動かすことが効率的で手っ取り早い、というのもあります。しかし私は、それ以上に重要な課題があると感じています。それは、**「ノルマ」による管理以外の「マネジメント」があることを知らない**ということです。

「マネジメント」の意味を根本的に勘違いしている日本企業

本当のマネジメントの役割とは、ノルマ管理という「誘惑」に負けずに、社員が自ら目標を立てて自発的に仕事をする状況を創りだすことです。上記の通り、それが、**目に見えない資産を増強**し、人のモチベーションや満足感、仕事への誇りを高めて、結果的に企業の数字を好転させます。そのために、「目的の設定」「コミュニケーション」「コーチング」「マーケティング」「イノベーション」「会計知識」など様々な数的・人的知識を身につけるのがマネジメントです。マネジメントとは、生身の人間を扱うと同時に、数字という結果に責任を持つものなので、人間心理学や統計学や戦略理論など様々な教養を身につけるべき、まさに「リベラルアーツ」的な理論です。

日本で長く使われてきた「管理」は「マネジメント」の正しい訳語ではありません。管理は、「Control」の訳語です。もちろんマネジメントの中で管理も必要です。しかし、組織は機械ではありません。**思い、感情、意欲を持った人間の集団**です。管理だけではいきいきと動かしていくことはできません。

「Manage」の語源はイタリア語の「Manus」で「手で扱う」、「馬を馴らす」ということだと言われます。鞭ではなく手で馬に触れながら心を通わせ、やがて人間が乗れるようになり、人間が行きたい方向に馬が走るようになる、という情景が浮かびます。本来のマネジメントとは、このように、**人がその能力を最大限に発揮して価値ある成果を挙げられるようにする**ための方法論です。本書、特にこの第3章以降に扱う「マネジメント」という言葉は、この本来の意味で使っていきます。

ノルマのない企業に共通する「習慣」

例を一つ挙げます。愛知県の中小企業に、「未来工業」という企業があります。メディアでも頻繁に取り上げられるのでご存じの方も多いかもしれません。この企業は名古屋証券取引所（名証）2部上場企業で、**残業やノルマがない企業**としても有名です。一方で、高収益も持続していて、クラブ活動や社員旅行も活発、社員の有休取得数も多いという、いわゆる社員の働きがいの高い職場であり、「日本一社員が幸せな企業」とも言われています。

創業者の故山田昭男氏は、もともと劇団「未来座」を立ち上げた役者の卵であったことはよく知られています。演劇という究極にクリエイティブな分野から派生した企業だけに、経営の発想もユニークで、通常の経営管理学の範疇からみればどれも常識外なことばかり。しかし、常識外であることが、実は上記の「マネジメントの本質」に合致したものになっています。

未来工業は、ノルマや上司への報告が原則的にはない、ということはよく知られています。山田昭男氏は、このような言葉を残しています。

「休日が多く、労働時間も短い、上司への報告も禁止……となると、人間はむしろ、いいかげんなことができない。その中で成果を上げようと必死で工夫してがんばるもんですよ。」

（「社員をコスト扱いするな」日本一幸せな企業・未来工業創業者・山田昭男さん（ITmediaニュース）より）

自由裁量が広く、任されている、という状態が、逆に人間にとっては「厳しい（鍛えられる）要求でもある」と言っています。これは、人材育成の本質をついていますので、詳しくは後述します。

未来工業では、社員に対する「厳しい要求」を、一つだけ徹底して行っています。それは、**「常に考える」**ということです。この「常に考える」という標語を食堂からトイレまで、至るところに掲げ、新しい製品アイディアや改善案を常に社員が考えることを求めているのです。

未来工業では、どのようなアイディアでも、アイディアを出した社員には一律500円が支払われるといいます。さらにそのアイディアが採用をされると、数万円の賞金が出ます。参加は自由意思なので、数字的なノルマではないのですが、この仕組みが「常に、小さいことでも、新しいアイディアを生み出すことが我が社の生命線だ」という経営のメッセージを強く訴えかけています。お金を出していくことは、企業としては投資です。しかし、その結果、未来工業の特許数は圧倒的に多く、また(工夫を凝らした)製品差別化により、業績も伸ばしてきました。投資を見事に回収してきたわけです。

ノルマに頼らない企業に共通する7つの習慣

ノルマがなく、ノルマに頼らなくても結果を出す企業には、共通の考え方、習慣があります。以下に7つ、挙げます。

ノルマに頼らない「目的」の作り方

習慣1　「どこで勝負するのか」が明確
習慣2　「結果」よりも「結果を生む習慣」を重視する
習慣3　「数字」ではなく「顧客」「ファン」を作る

ノルマに頼らない「仕事」の進め方

習慣4　コミュニケーションは「情報伝達」ではなく「意思疎通」を目的としている
習慣5　「上下関係」ではなく「信頼関係」で動いている

ノルマに頼らない「人」の活かし方

習慣6　「組織の成長」の前に「人の成長」に徹底してこだわる
習慣7　マネジャーの仕事は「管理」ではなく「動機づけ」である

例を挙げながら、一つ一つ見て行きましょう。

習慣1 「どこで勝負するのか」が明確

● 我々の勝負する「土俵」はどこか？

これは、見落とされがちなのですが、実はものすごく重要なことです。ノルマがない企業は、自分たちの「強み」「他社との圧倒的な違い」「自信を持って提供する商品やサービスが何か」が明確なので、ノルマに頼らなくても売れます。また社員も、自分たちが活躍すべきフィールドがわかっているので、**エネルギーを集中しやすい状況**が生まれています。

ノルマがない企業と聞くと、「どういうやり方をしているのか」と、手法のことばかり気になりがちです。しかし、手法を外から真似しようとしてもうまく行きません。そうではなく、ノルマなしでもマネジメントがうまく行っている企業の共通習慣として、「戦う土俵が明確である」ということに注目していただきたいのです。すな

わち、

「この企業として、この事業として、どこで勝負したいのか」

という「集中」です。

逆に、むやみに商品やサービス数を広げている企業ほど、ノルマに追われます。「土俵」を明確にできていないために広げ過ぎ、商品やサービスの魅力が薄まり、結果が出にくい、だから数字を強要して業績を維持する、というパターンです。

一つ興味深い例を挙げます。「Bake」という急成長している洋菓子業の社長さんが語っていたことです。その企業は、もともと他の洋菓子店同様に様々な種類の洋菓子を販売していました。しかし、競争の激しい業界の中で業績は伸び悩みます。そこで、若き経営者は、思い切ってこうスタッフに尋ねたといいます。

「自分達が、心から、一番売りたい商品はなんだ？」

ここで、多くの社員の方が言われたのが「チーズタルト」でした。それを聞いた社長は思い切ってチーズタルト一本に商品を絞ります。その結果、スタッフは「どこよりも美味しいチーズタルトをどうすれば提供できるか」をひたすら考えることに集中できるようになりました。スタッフが商品についてさらに深い知識を持ち、接客の質も向上しました。

ここに「自分たちが勝負する土俵を絞る」ことの利点が現れています。すなわち、**「メンバーの力が結集・凝縮されてすごいエネルギーになる」**ということです。ちなみに、このBakeという先進的な企業は、チーズタルトの圧倒的なヒットを一つのきっかけに躍進し、将来は株式上場を視野に入れるほど事業を成長させています。

自分たちの商品を愛しているか？

もちろん、業界によっては、ここまでドラスティックに商品を絞ることも難しいでしょう。しかし、思い切って「自分たちが勝負する土俵を絞る」ことで、バラバラに無駄に分散していた社員のエネルギーが一つの的に統合されます。

アップル創業者のスティーブ・ジョブズ氏が、自ら立ち上げた企業を後継者に追われ、90年代後半に同社に復帰した際のエピソードは有名です。彼は自ら生み出した、分身のように愛する企業が苦境に陥っていた現状を見て啞然とします。

何より彼が耐えられなかったのは、**「アップルが作らなくても良いものを無駄に沢山作り、逆に顧客が離れている」**現状でした。ある商品会議で我慢の限界に達したジョブズは、ホワイトボードの所へゆき、大きく「田」の字を描きました。そこで、「我々が必要とするのは、こ・れ・だ・け・だ!」と言いながら、升目の上には「消費者」「プロ」、左側には「デスクトップ」「ポータブル」と書き込みました。これら四つのマスに入る分野ごとに「一つずつ」合計4種類の「すごい製品を作るのが私たちの仕事だ」とジョブズは宣言したのです。会議に出席していた当時の多くの役員、社員は呆然としていたといいます。同社ではジョブズ復帰までは、「減らす」のではなく「増やす」ことにひたすら邁進していたからです。

スターバックス創業者のハワード・シュルツ氏も同様のメッセージを発しています。彼はその著書やインタビュー記事の中で、再三私たちにこう語りかけています。

「**その商品を愛しているか、心から好きか。**それが何よりも大切なことです。」

ジョブズの宣言

「我々が必要とするのは、こ・れ・だ・け・だ！」

ノルマに頼らない「目的」の作り方

習慣2 「結果」よりも「結果を生む習慣」を重視する

ノルマは、結果を求めます。しかし、ノルマに頼らない企業は結果を直接求めるよりも、**結果に繋がる習慣**を増やすことで、結果を上げようとします。言うまでもなく、例えば野球においても、「必ず打率3割3分は達成しろよ」と数字だけ命令するコーチに存在価値はありません。「3割3分の打率」を達成するために、練習においても、私生活においても、どのような「習慣」を積み重ねればその結果が得られるのか。その習慣を明示し、習慣づけをサポートするのがコーチの役割です。スポーツに限らず、研究活動や音楽、将棋、囲碁など他の分野では当たり前のことが最もできていないのが、会社です。

●「結果を生む習慣」を社員が楽しんでいる企業が強い

前述の未来工業では、社員がアイディアを出す度に賞金を出しているという話はすでに書きました。しかし、皆さんはもうお分かりだと思いますが、単純に未来工業の「アイディアにお金を出す」という方法論だけをコピーしても、上手くいきません。考えるべきは、

● 「私たちが勝負したい土俵はどこか？　どこで勝ちたいのか？」
● 「そこで勝つために、組織として必要な行動習慣は何か？」
● 「行動を社員が習慣化するために、どのような『インセンティブ（報酬）』が有効か？」

の3つです。

未来工業だけでなく、IT企業の雄グーグルや、オフィス文具で有名なスリーエム社が採用している「業務時間の20％など一定割合を『自分自身の好きな探求テーマに使って良い』」という大胆な発想も同様の仕組みです。これらの企業は20％の業務時間を「投資」してでも、「新しいサービスを考える」という行動を習慣化したいと考えています。そして、その習慣化の先に、求める「結果」が生まれることを強く目指しているのです。

サイボウズという業務用ソフトウェアで著名な東証一部上場企業の例も面白いです。同社は、巷では「働き方改革の先導企業」などと呼ばれるほど様々な新しい取り組みをしています。「在宅勤務」「副業可能（むしろ奨励）」をはじめ、様々な世間が驚く施策を打ち出しています。一見、企業にとっては損失になると思われるような行動を習慣化している根本の理由は、自社の主力商品である業務用ソフトウェア（グループウェアと言われる社内情報共有ソフト）を日々改良し、人々の新しい働き方に合ったものに革新していきたいことにあります。

例えば、在宅からオンラインで社内の「ミーティング」に参加するとき、パートナー企業のメンバーも一緒にスケジュールを管理したいとき、などこれから一般的になる「新しい働き方」をサイボウズ自身が奨励しているからこそ、自社の主力商品ソフトがますます「最新ニーズに合った機能」を搭載できるようになります。さらに、社員も自分に合った、働きやすい「働き方」が選べるというメリットがあります。このサイボウズにも、「自分たちの勝負したい土俵が明確」「その土俵で勝つために社員に期待する行動習慣が明確」「その行動習慣を生むためのインセンティブを社員が感じている」という3つの法則が当てはまります。

習慣3 「数字」ではなく「顧客」「ファン」をつくる

頭の良い人たちが使う「数字を作る」という魔の言葉

私がお付き合いしているある大企業の技術部門の中堅社員の方は、このように言われました。

「開発や製造に関する数字目標が上から落ちてくるが、誰も根拠や意図を把握していない。直属の上長さえも。それでも、時間に追われているので、とにかく業務をこなすしかない。」

営業、開発、製造など、職種にかかわらずこの「ノルマ化」の流れは加速しています。そのような組織では、「顧客」が求めている価値を生み出すことよりも、目先の数字を達成することばかりに追われてしまいます。その最たる例が、我々の記憶に新しい、日本を代表するあの東芝が引き起こした一部の経営陣による会計不祥事です。

「12年9月27日に開催された社長月例で、佐々木社長は、PC事業を行うDS社（東芝の社内事業部門）に対し、残り3日での120億円の営業利益の改善を強く求めるとともに、検討結果を翌9月28日に報告することを求めた。（中略）このため、DS社は119億円の損益対策を実施するとの検討結果を説明し、佐々木社長をはじめとする幹部もそれを認めた。」

（毎日新聞経済プレミアより。役職名は2012年当時。）

超一流企業で、トップ自らが先導して「数日で100億円をも超える利益を『作れるか』」というやりとりが行われていることに誰もが驚かされました。

そもそも、経営学を探求している者からするとこの「数字を作る」という表現はゾッとする言葉の一つです。もちろん、私も事業会社で数字を上げる責任を負っていた経験があるのでこの言葉の意味や意図は十分にわかります。しかし「数字を作る」という言葉を組織のトップが自ら使い、それが組織の共通語になった時、その組織は最も大切なものを失います。それは、

「つくるべきは、数字ではなく、『顧客』である」

という何より大切な原則です。経営学者のドラッカーは、企業の目的は「顧客

（Customer）の創造」だと言いました。ここでいう「顧客」を日本語の辞書で調べてみると、

「得意客、ひいきにしてくれるお客」

という意味がでてきます。つまり、ファンのことです。ドラッカーの言う「顧客の創造」の顧客とは、「この企業でないと」「このお店だから買いたい」と想ってくれるファンのことです。ノルマに頼らない企業は、数字という印籠で指示や命令ができない分、

「どうすれば、自社の商品やサービスの大ファンになってくれる顧客を増やせるか」

という問いを常に考え話し合っています。

「ファン」を生み出すには？

顧客（ファン）とは、言うまでもなく「繰り返し購入してくれる」お客様です。売上が上がっていても、必ずしもファンが増えているとは限りません。では、顧客（ファン）を生み出すために、必要なこととは一体何でしょうか。

**目的は、「数字」ではなく
「顧客」「ファン」をつくること**

自社の商品やサービス、
自分たちの強みが何かを明確に描き、
どうすればファンを増やせるか?を常に考えている。

●他社が真似できないオリジナルな強み、特長が自社の商材にあること
●その特長を喜んで買いたい人のニーズが明確にあること

です。自分オリジナルの武器、強みを徹底して磨き、それを喜んで買ってくださるお客様のことをよく知り、徹底してそのお客様のニーズに合ったものを提供していくしかありません。はじめは小規模の市場であっても、「その商品を是が非でも買いたい」と言ってくださるお客様がいて初めて、事業の勢いが拡大します。逆に、いきなり大きな数字を取って、その後に個々のファンを作り出すなどということは不可能です。

ノルマに頼らない企業は、喜んで購入してくれる**顧客（ファン）**を生み出すために日々社員が知恵を絞り、協力しあって動いています。

ノルマに頼らない「仕事」の進め方

原則4

コミュニケーションは「情報伝達」ではなく「意思疎通」を目的としている

ノルマに頼らない企業で、コミュニケーションが活発な理由

ノルマに頼らない企業は、マネジャーに高いコミュニケーション能力を求めます。

「来期の計画、来月までに出して。売上2割増がマスト（Must）だから。理由？ 俺に聞くなよ。上で決まっているから、文句言わずやるしかないだろ。」

と伝えるのか、

「今年うちの事業もかなり地盤ができた。来期は、1ステージ上がりたいな。売上のボリュームを2割、3割あげればコストも低減できて価格競争力も上がる。そのためには新しい発想が必要になる気がする。どのお客様にターゲットを絞れば良いか、どの商品の拡販に力を注ぐか。若手メンバーをどのように自立させ、活躍させるか、話

し合いたい。君の構想案に数字的な根拠も添えて来月までに出してみてくれないか。もちろん、まだたたき台のイメージでいいよ。それをもとに、一緒に話し合おう。」と伝えるのか。

前者は、ノルマが人を動かす前提になっているので、上司があれこれメッセージを考える必要がありません。会話も短くなるでしょう。後者は、**背景と意図**を伝えています。伝える情報量は確かに多くなりますが、人間が理解しやすいのは、間違いなく後者の方です。前者は、機械に指示する場合には有効でも、人間という理性と感情のある生き物には、全く向かない伝え方です。

ノルマに頼らない企業では、「数字」を指示・命令の前提にしません。

ノルマに頼らない企業は、社員の「発言」が多い

その企業のミーティングや企画会議に出ればすぐにわかることですが、ノルマで動いている企業の社員には、「どうせ言っても無駄」という諦め感を根強く感じます。「下手に意見を言って、数字をさらに持たされたらたまらん。粛々と自分の持分をこ

なすだけ。それで企業が良くなるか？　そんなことは俺の知ったことではない」という雰囲気すら感じます。

一方、ノルマに頼っていない企業の特徴は、**社員が「意見」を出すことが多い**ことです。数字以外のゴールイメージを明確に押さえなければ仕事が進まない分、上司と部下、あるいは他部署のメンバーとの間で、意図や方法を確認する必要があるからでしょう。「やらされている仕事」ではなく「自分ごと」になっているから、自らの意見やアイディアも生まれます。

「社員の自発的な発言がない」と悩んでいる組織は、「我が社は数字ノルマで社員の思考をガチガチに固めてしまっていないか。新しい発想を語り合う余裕を奪ってしまっていないか」と一度じっくり考えてみてほしいです。

そもそも「コミュニケーション」とは一体何か？

企業のマネジメント層の方と話すと、課題認識の一つとして必ず出てくるのが「コミュニケーション」です。私は、このコミュニケーションという言葉が出るたびに、

「コミュニケーションって一体何ですか？」

と質問するようにしています。「コミュニケーションが足りない」と言いながら、多くの人が、コミュニケーションとは一体何かという原理原則を考えていません。コミュニケーションを「情報伝達」や「会話」のことだけだととらえ、「情報を渡さなければ」「部下や他部署メンバーと会話する時間を増やさないと」とやたらと焦ってもいます。しかし、情報量や会話を増やせばコミュニケーションの問題が解決するかといえば、そうでもなさそうです。

では、一体コミュニケーションとは何か。様々な企業を見て私の中ではその定義が明確になりました。

「組織におけるコミュニケーションとは、つまり『意思疎通』である」

コミュニケーションの目的は、意思疎通です。つまり、意思を疎通できればコミュニケーションは成功で、意思疎通できていなければコミュニケーションは失敗です。会話量が多いか、情報を渡したか、というのは本質ではないのです。情報共有ができているか、会話が増えたか、よりも**「意思疎通ができているか」**がそのままその企業の組織の力を映すことになります。

ノルマによる管理が行われている組織ほど、この「意思疎通」よりも「指示」「情報伝達」ばかりに目が行っています。「しっかり指示が届いているか」「情報が伝わっているか」ばかりに気を取られています。その結果、ノルマで運営されている企業は、個々人が受け身で防御的になり、「あれは聞いていない」「こっちにはそれは伝わってきていない」という責任のがれや責任のなすり合いが日々発生しています。

一方、ノルマに頼らない企業は、**意図と意思を共有**しています。「経営層は、上司は、一体どんな目的で、どんな戦略的な意図を持っているのか」がある程度明確なので、現場で自発的に様々な方法を話し合い、スピーディーに動くことができます。その違いは、まるで

- 「指示」「情報伝達」→各駅停車の低速列車
- 「意思疎通」→無数の手段を組み合わせた高速移動

というほどの違いを生み出します。実際に、ノルマで管理された企業は突発的な事柄が起きたときに動きが極端に遅くなります。「自分では決められない」「上司の意見を聞かないと判断できない」という会話になりがちです。何事もスピードと柔軟性が求められる昨今、この違いは致命的です。

「指示をして動かす」から「自主的に動く」サッカー型の組織へ

組織を観察して、つくづく実感することがあります。それは、

「指示・管理がなくても、流れるように人が動く組織が最強」

ということです。言い換えれば、

「指示や管理をしなくても円滑に動く組織を作れる人が、良いマネジャー」

とも言えます。世の中には、上長が細かく、口うるさく注意してもスピードや活気が一向に高まらず、業績も上がらない組織もあれば、経営者や上長は（失礼ながら）いるのかいないのかもわからないくらい細かく指示しないのに、現場が自発的に、スピードを持って動き、業績も高く、社員のやりがいも高い、という組織もあります。

後者の組織は、管理される事柄が少なくても、社員が自ら考えてスピーディーに極力無駄なく動きます。例えばサッカーなどの球技で言えば、「連動性が高い」と言われるチームです。右サイドバックがボールを持ったら、誰に指示されるわけでもなく、その動きをサポートする他の選手、その選手のドリブルのコースをあける（敵を

ひきつける動きをする）選手、あるいは逆サイドで最終的にパスを受ける動き出しを開始するような選手が、それぞれ**自発的**に動いているチームです。私も学生時代サッカーをやっていたのでわかりますが、こういったチームは相手からすると非常に厄介です。外からはよく見えない「共通の目的とイメージ（点を奪うための全体方針）」を共有しているから、すなわち意思疎通がされているから、誰かが動いたら、それをサポートする2人目、3人目の動きが連動して生まれ、止めることがなかなかできません。

職場で言えば、例えば、こんな会話があるような組織のイメージでしょう。

上長「今日、Ａ社の常務とアポイントメントが取れたから夕方から行ってくるよ」

部下Ａ「すごいですね。提案資料の△△一式と、お相手が常務であれば、□□の資料も併せて準備しておきますね。内容は、◯◯という点を強調する形にしてみましょうか。」

上長「助かるな。その方向で是非頼むよ。」

部下Ｂ「部長、Ａ社さんへのご提案であれば、Ｂ社さんの事例がわかりやすいと思うので、そちらもご案内に入れておきます。また、是非、12月のこのイベントもご紹介ください。先日A社さんに訪問した営業のC君に聞いたところ、A社さんではこのイベントでご紹介する～▲▲の方法論にかなりご関心がおありだと言われたそうなので。」
上長「そうか、それも助かるな。まずはそのイベントに来ていただき、現場を見てもらうことに興味を持ってもらえそうだな。それ、確実に伝えるようにするよ。ありがとう。」

連動性の高い職場とは、まるで流れの良いサッカーチームのプレーを見ているかのようです。スムーズに、**仕事の連携**が進んでいます。
組織での仕事というのは、川の流れに似ていて、「大きな目的に向かって、強いエネルギーが束ねられて流れていく仕事」は、力強く、的（顧客の満足、プレゼンやイベントの成功など）に向かって進んでいきます。前述の組織の例のように、たとえ顧客企業の常務を訪問するのが上長一人であっても、その背後で数多くの社員の「力」「知恵」「思い」がバックアップしながら支えています。だから、力強い仕事（ここでは訪問、提案）になっていくのです。意思疎通がなされている企業には、そのような違いがあります。

●「その仕事に貢献する意義は何か？」を意思疎通する

前述した「ミレニアル世代」と言われる、1980年以降に生まれた世代は、「権威」「階級」「昇進（出世）」の力で動かそうとしても難しいです。彼らにとって大切なことは、

「その仕事に自分が貢献する意義や意味は何があるか？」

です。意義、意味を感じる背景は様々です。例えば、

- その仕事の目的がとても魅力的（自分もその目的の役に立ちたい）
- 上長が魅力的（その人の役に立ちたい）
- 自分自身の能力や強みが活かせる（自分を活かしたい）
- 職場の同僚との信頼関係を深めたい（このチームの一員として貢献したい）
- 自分自身の価値観やこだわりと合っている

など、様々な「感情」が満たされるのであれば、人はその仕事に意味を感じ、貢献したいと感じるようになります。自ら動く目的が明確になれば、目的にかなった最良の方法を自ら探し、価値ある仕事をするようになるのです。

ある幼児心理学の専門家の先生とお話しした時、こんなことを言われていたのが印象的でした。

「子供を指示命令で動かそうとしても無駄です。一度は指示に従ったとしても、また元に戻ります。**彼らは、目的がなければ動きません。さらに、その目的が好きでないと動きません。**」

この話を聞いた時に私は、これは子供に限ったことではないと思いました。

ノルマに頼らない「仕事」の進め方

習慣5 「上下関係」ではなく「信頼関係」で動いている

●「ノルマ」が前提としているのは「強固な上下関係」

ここまでお伝えしてきたとおり、大抵の場合は面白くもなく、心躍るわけでもない、ノルマによる組織管理は、強固な上下関係を前提としています。やりたくないし、共感もしていないけれど、「上の命令だから逆らえない」（逆らったら自分の社内での立場が危うい）というかつての企業では常識であった考え方がその根幹をなしています。

ただ、この「上下関係」という考え方は、若い世代の社員、特にミレニアル世代の社員にはほとんど効力がありません。かつては、「上司は選べない」がサラリーマンの常識でしたが、程度の差こそあれ「いや、上司も選びたいでしょう」と思う社員が増えているのは現実です。

いつから日本の企業は「信頼関係」を軽視するようになったのか

冷静に考えれば、これはある意味で「健全な」変化かもしれません。そもそも、自由意思で働くべき「事業会社」において、上下関係が全てを支配するのはおかしな話だからです。


「何度も言っているのに、部下に伝わらない」

「部下を指導しているのだけど、なかなか育ってくれない」

このような悩みを頻繁に聞きます。「上司」「先輩」の重責を担う皆さんの苦労は痛いほどわかる（私もかつてそういう経験をしていましたので）のですが、この手の話を聞くたびに感じる疑問があります。それは
「その部下から、あなたは信頼をされていますか」

ということです。上下関係が崩壊しつつある現代、人が人を動かす上で最後に必要なのは、信頼関係だけです。すなわち、

「この人の言うことには嘘がない。共感できる」

「この人は、エゴではなく、使命感で仕事をしている」

「この人のヴィジョンを聞いていると、自分もワクワクする」

「この人は、人間として尊敬できる」

「この人は心底、自分のことを思って言ってくれている」

といった信頼感だけが、人が動く前提になるということです。一体いつから、日本企業はこの「信頼関係」という根幹を軽視するようになったのでしょうか。

今、必要なのは、「上下関係」よりも「横の関係」「前後の関係」

マネジメントに関する研修プログラムなどを行っている時に、「どのような上司がいてくれたら、仕事をしやすいですか」といった質問をすると、毎回上位というかほぼトップにくる回答が、「相談しやすいこと」です。逆に、「こういう上司は本当に一緒に働きにくい」という上司像の最も多い回答が、「話を聞いてくれない上司」です。

これらのコメントから見えることは何でしょうか。それは、今、特に若手の社員が必要としているのは、上下の関係ではなく、**横の関係**だということです。上からの目線で、行動や業績を管理する上司ではなく、適切な問いを投げかけてくれる、相談をしやすい、そういう「横にいて、様々な意見交換をしながら、アドバイスをくれる」存在を求めています。それは必ずしも「愛想がよい」「付き合いが良い」ということではありません。寡黙で一見派手さのない人であっても、「この人には相談しやすい」という人には、部下からの信頼が集まります。

さらにもう一つ。「上司に対する期待」で上位にくることとして、「トラブルが起きた時、自分でどうしても解決しきれない時、手助けをしてくれること」があります。部下が自力で打開できずに苦しんでいる時には、率先垂範で自ら矢面に立ってリードする**前後の関係**も、信頼関係を築く上で不可欠です。

●ノルマではなく「自分の言葉」で語ることが信頼関係に繋がる

ピーター・ドラッカーが信頼関係について語ったこの言葉を、私はとても重要な教訓としていつも嚙み締めています。

「信頼するということは、リーダーを好きになることではない。常に同意できること

「上下関係」ではなく「信頼関係」を築く

一方的なノルマを語るのではなく、
自分の言葉で語ることが信頼関係につながる。

でもない。リーダーの言うことが真意であると確信を持てることである。」

（ドラッカー『未来企業』より）

自身も納得できていないノルマ数字をいくら部下に語っても、信頼関係は築けません。ノルマに頼るのではなく、自分の心から湧き出る思い、「真意」を込めた言葉で語ることで、初めて信頼を得ることができるはずです。

ノルマに頼らない「人」の活かし方

習慣6 「組織の成長」の前に「人の成長」に徹底してこだわる

● 人間の成長以上のスピードで、組織を成長させない

組織が闇雲に「数字的な成長」を追うようになった時に、「ノルマ化」が起きやすくなります。その中にいる人間がどう成長して事業のゴールをどう成し遂げるか、と

いう話を飛び越して、数字が目的になってしまう状態です。このようなサイクルに入ると、人間の成長よりも、その「器」である組織のサイズや業績ばかりに目が奪われ、ますますその中で人が成長しにくくなります。

一方で、ノルマに頼らない会社はむやみに組織の規模的な成長を追いません。前述のとおり、その会社の**戦うべき土俵**をしっかり見極め、**結果を生むための習慣**を絶えず奨励し、**顧客がとりわけ価値を感じて**購入したいと思う商品の拡大を追求して行きます。そこは紛れもなく人間の意思や成長が前提となっており、人間が成長することが組織の成長である、という適正な順番を逸脱することがありません。そうでなければ、ノルマに頼らないマネジメントは実現しえないからです。

ここで、ソニー（当時の東京通信工業株式会社）の設立趣意書をご紹介します。

〝一、真面目なる技術者の技能を、最高度に発揮せしむべき自由闊達《かったつ》にして愉快なる理想の工場の建設〟

〝一、不当なる儲け主義を廃し、飽迄《あくまで》内容の充実、実質的な活動に重点を置き、徒《いたず》らに規模の大を追わず〟

〝一、経営規模としては寧《むし》ろ小なるを望み大経営企業の大経営なるが為に、進み得ざる分野に技術の進路と経営活動を期する〟
（1946年1月、ソニーの創業者　井深大が起草した「東京通信工業株式会社設立趣意書」より）

一つ目の「自由闊達にして愉快なる」という言葉は有名です。ソニーという会社が何より大切にしていた「自由意志」「働くことの楽しさ」が伝わってきます。さらに、私が注目したのは二つ目、三つ目です。もともとソニーという会社が、大きくなることよりも「（大企業に立ち向かう）ベンチャー魂をいつまでも失わないこと」を目指していたことを意味しています。

さらに、井深氏は、晩年の同社の念頭経営方針でこうも述べています。

「ことに量的拡大をするときに、質的な向上なくして、単に量的に増大し、質的にはむしろ劣るといったようなことが、もしもこれからのソニーの進歩の中に加わってくるとすれば、それはソニーの名前を永遠に維持するためには、非常に大きな妨げになります。」
（1973年1月社内報　年頭経営方針）

ノルマに支配された企業ほど、むやみに人を採用する

「この『数字』を達成するには、人が足りない」

「今期最低○○名は『補充』しないと」

こんな言葉をよく聞きます。ノルマに支配されている企業でありがちな会話です。

前述のとおり、ノルマという管理手法は、そもそも企業を「人間」というよりも「機械」的に捉えています。ノルマという指令を出せば、それに反応して動くのを期待しています。それと同じく、そのような企業は、社員を「人間」というよりもノルマという指令を実現するための「部品」のように捉えがちです。部品と捉えるから、増やせば増やすほどリターンが大きくなると期待しすぎていますし、また部品が不足すれば「補充」すべきだ、という発想になるのです。

しかし、人間は機械ではありません。人間の集合でもある組織も、機械ではありません。人間は、自らの意志、モチベーション、創意工夫によって業績を飛躍的に高めることができる創造性を内に秘めています。組織としての機能を高めるには、人数よ

りも人間の質が圧倒的に重要になります。ノルマに頼りすぎる会社が見落としている盲点がここにあります。

ノルマに頼らない組織ほど、「どのような人に、何を目的に、どんな仕事をしてもらいたいか」が明確です。だからこそ、人の採用に徹底してこだわります。

一つ例を挙げます。

トヨタ自動車の販売会社として卓越した業績を上げており、特に「顧客満足度」で群を抜いているネッツトヨタ南国という会社があります。同社を長年かけて大きく飛躍させた横田英毅氏（元社長 現取締役相談役）は、徹底して「採用」に時間をかけたことで知られています。短い人でも30時間、長い人では200時間も、採用前に一緒に過ごす時間を持ったといいます。これは、もちろん面接時間というだけではありません。「気に入ったらまた会社に遊びにおいで」と伝えるなどして、採用候補者と多くの時間を共有します。

「人の採用」にここまでの時間をかけることは多くの会社にとっては難しいとして

も、その会社で「成長」して成果を挙げてくれる人を採用するということは何より重要な意思決定で、もっと大きな注意が払われるべきです。採用プロセスにこだわる会社は、他社と異なる独自の個性ある商品、サービス、そしてカルチャーを有している会社が多いものです。ノルマに頼らない独自性のある経営をしているからこそ、「人」の採用にとりわけこだわっているとも言えます。

「社員の数」が「優れた会社の条件」ではなくなった

先日、ある中小企業の経営者の方とお話をした時のことです。その会社は、自動車関連部品を製造する技術力に優れた歴史ある優良企業で、日本とタイに主な拠点を置き、グループでの総社員数は600人を超えます。その社長さんとお話をした際に、社員数の話になりました。「600人もの社員さんを抱えて展開されているのは、本当に素晴らしいですね」と私が話すと、先方はこう言われました。

「今はそう言っていただけますね。しかし、10年も経つと逆に『そんなに人がいるのですか。大変ですね』と言われる時代になる気がしています。」

　さすが、この社長さんは世の中の流れを的確に把握していると思いました。ノルマによる管理がすでに機能しなくなった現在、優位性の鍵になるのは、個々人の人間の創造力です。創造的な人材がＡＩ（人工知能）などの先進技術を活用して予想もしなかったような生産性向上を実現できる会社が増えるでしょう。その際に、社員が多いことは武器ではなくなります。ＡＩをはじめとしたテクノロジーが代替できる仕事は技術に置きかわり、創造性の高い、人間にしかできない仕事がその事業に残るはずです。そのような時代に、**組織の規模そのものが成長の足かせ**になることも十分想定できます。大切なのは、組織の規模的成長ではなく、人間の成長です。ノルマに頼らない会社は、「組織」よりも「人」の成長が先決であることを体感で理解しています。

●ノルマに頼らない会社の社員は、「会社の研修」ではなく「自ら」学ぶ

　ノルマに頼らない会社の社員は、**自分自身の成長が事業の成長につながる**ことを理

解しています。したがって、もちろん会社で用意した研修にも主体的に参加しますが、それ以上に「業務時間外」で自ら勉強会を開催したり、社外の講座に自腹で通ったりするなどして知的に成長しようと努力します。
新しい知識の習得に対して貪欲である彼らは、研修でも、自らの体験に当てはめたり、講師に何度も質問するなど、「自分ごととして」知識や考え方を吸収しようとする姿勢が際立っています。逆に、ノルマによる管理のプレッシャーが強い会社の社員は、学びに対しても受け身で、発言も少なく、消極的であるように見えます。

ノルマに頼らない「人」の活かし方

習慣7 マネジャーの仕事は「管理」ではなく「動機づけ」である

● 「過度な管理」「マイクロマネジメント」と真逆のマネジメント

ここまでお読みいただいた皆さんには自明かと思いますが、ノルマに頼らない会社では、社員の**自発・自立**が全ての活動の源です。自発性と自立性が育っていなければ、事業自体が成り立ちません。そのため、ノルマに頼らない会社ではマネジャーの意識がかなり違うことに気づかされます。すなわち、「過度な管理」「マイクロマネジメント」を避け、なるべく自由意志や意欲を潰さないようなマネジメントスタイルをとっています。

前述の未来工業は、会社として「報連相（ほうれんそう）禁止」という原則を貫いています。報連相をすると、上司ばかりを見て仕事をする社員と、部下の行動ばかりを見て仕事をする上司が増える、というのがその理由だそうです。

部下の自発性を高めたいのであれば、上司やマネジャーは真っ先にこう自問すべきでしょう。

「この仕事で、最大限、部下の自発性に委ねてみることができるとしたら、どこまでだろう」

私自身、マネジメント実務にあたる際は常にそう自分に問いかけています。そして、自発性に委ねるためにも、「意見を出させる」「意欲を引き出す」「挑戦させてみる」「結果について一緒に話し合い、また次のステップアップに繋げる」という意識が不可欠です。ノルマに頼らない企業が行っているマネジメントの根幹はここにあります。

マネジャーは「作業」をするのではなく、「舞台」を整える人

「忙しすぎてマネジメント業務ができない」と嘆く人がいます。かっこいい言葉で言えば「プレイングマネジャー」ですが、この問題というか現象が生じてしまうのには、2つの理由があると私は考えています。

- 「プレイヤー」以外の「マネジメント」の仕事が何かを理解できていない
- 単純に人の舞台を整えるより、自分が演技をすることが好き

一つ目に当てはまる場合は、マネジメントという奥深いテーマを体系的に学ばれると良いです。第4章で、このマネジメントの考え方をより詳しく述べていきます。一

方、二つ目に当てはまる人は、無理にマネジメント実務に片足を入れるのではなく、「プレイヤー」「スペシャリスト」の道を突き進むこともキャリアの重要な選択肢です。

マネジメントは、自ら行う作業を極小化し、そのチームで人が卓越した素晴らしい仕事ができるよう、コミュニケーション（つまり、「意思疎通」）を図りながら、舞台を作ることに時間をかけていく仕事です。それにやりがいを感じる人、自分の強みを使える人が、その役割を担うのが最も良いでしょう。ノルマに頼らないマネジメントをする上で、自発的に動ける社員（役者）をたくさん登場させる必要があります。そのために、舞台を整えるマネジャーの役割は極めて重要になります。

優れたマネジャーが最も大切にしている習慣

仮に、「不良」と呼ばれるような18歳、19歳の少年が5名いたとします。そして、あなたの企業の社長がその少年らを雇用し、

「この5人が今日から君の部下だ。このメンバーをうまくマネジメントして、ビジネスを成功させてくれ。経営者になるトレーニングだと思って、頼む。」

と言ってきたら、あなたはどうしますか。不良少年たちは、エネルギーは有り余るほどありますが、仕事など本気でやる気がありません。もちろん、あなたが腕力で押さえつけることなど到底できなそうな「猛者」ばかりです。マネジャーとして、あなたはまずどのように考え、行動するでしょうか。

こういう状況で、マネジャーが最初に意識すること（優先順位）は、大きく2つに分かれます。

①業務や作業を整理して伝え、なんとか仕事をさせようとする
②メンバーと対話をし、その人間の性質を把握しようとする

日本人のマネジャーに圧倒的に多いのは、①の方です。まず業務を明確にし、そのやり方を教えながら、何とか「やらせる（やってもらう）」方法を必死に探します。

この方法は、確かに即効性はあります。例えば不良少年たちが最初は「へえ、仕事も面白いね」といった感じで真剣にやることもあるでしょう。しかし、長続きしません。遅かれ早かれ飽きてしまい、手を抜いたり、単純なミスを繰り返したり、という

結果になりがちです。マネジャー（あなた）は焦り、次第に感情的になり、指示と命令を繰り返す管理をしようとしてしまいます。メンバーはますます受け身になり、心が離れ、その組織は崩壊してしまうパターンです。

片や、②のマネジャーは何をしようとしているのでしょうか。このタイプは、個々のメンバーの内面にある**価値観、情熱、動機（モチベーション）の源**を探ろうとしています。対話を深めることで、**相手を理解**することができます。一見乱暴そうに見える少年も、実は「仲間を大切にする心」「誰かにありがとうと言ってもらえた時の感動」といったものに生き甲斐や価値観を感じている場合があります。すぐれたマネジャーはまず人間の中に眠っている**価値観、興味、関心、目的意識**を対話で探ろうとします。その上で、メンバー個々の目的と組織全体の目的を繋げ、それをメンバーと「共有」していきます。そうすることで、社員は「上からの指示」ではなく「自分のこと」として仕事の目的を捉え、主体的に動けるようになり、その結果仕事が面白くなり、様々なチャレンジをすることで人が成長して事業が回るというサイクルに入ります。

この二通りのマネジャーの違いとは何でしょうか？

「前者は『業務』を、後者は『人間』を見ている」

という違いです。①のマネジャーが最も重視する優先順位は「業務の遂行」です。一方、②のマネジャーは、「人間という資源」とその可能性に注目しています。深い水源のように、人間には外から見えない能力や特長が眠っていて、それを摑めば、優れたパフォーマンスを発揮できるものだと信じています。その人間の力を引き出し、組織としての成果に繋げることが最も生産的だと本能的に知っている人です。

●社員の力を信じて経営に「参加」させる

この「不良」という例は、有名な実在する企業を参考にしています。「札付きのワル」を集めて事業を成功させている「玉子屋」というお弁当屋さんです。メディアでもよく紹介されているこの「玉子屋」のメンバーの大半は、手に負えないような不良少年だった人たちばかりです。同社創業者の菅原勇継さんは、このように話されています。

「箸にも棒にもかからない悪ガキばかり集めてスタートしました。その後も積極的にそうした子を雇ってきた。野性味があり、人から褒められた経験が少ないため、お客さんや私に褒められるのが嬉しくて、頑張る子が多いからです。そんな彼らが楽しく働けて家の一軒も買えて、夫婦で仲睦まじく暮らしていけるようにするのが私の務めだと考えてきました」
（日本実業出版社　経営者会報　ブログより抜粋）

菅原さんは、人の持つ能力や価値観（大切にしていること、嬉しいと感じること）という経営資源を生かしきれるビジネスを考案しました。決して「ビジネスゴール（結果）」ありきで、若者たちをその型にはめて作業をさせようとはしなかったのです。遅配や廃棄が致命傷になりやすいお弁当業界で、この「元悪ガキたち」は協力して知恵を絞り、連携し合いながら、約０・１％という驚くべき廃棄率の低さを実現しています。

余談ですが、米国の一流ＭＢＡであるスタンフォード大学経営大学院の教授と学生が、この玉子屋を視察に来たエピソードは面白いです。「ビジネスモデル」や「戦略」を調査しに来たわけではありません。高収益を上げ、且つ社員がイキイキと楽しく仕

優れたマネジャーが最も大切にしている習慣

業務の遂行が優先されるのではなく、
人間という資源とその可能性に注目する。

事をし、個人の人生プランも実現している経営手法とユニークな人材育成方法に彼らは注目しました。テレビのインタビューに答えたスタンフォードの学生たちのコメントが、これもまた秀逸でした。

「我々（ＭＢＡ）の考え方では、分析不可能な事例だ」

実は玉子屋の成功は、マネジメントの本来の意味からすれば理にかなっています。しかし、全米有数の超優秀なビジネススクールの学生からすると「分析不能」というのは、これもまた興味深いです。

まとめ

ノルマに頼らなくとも成果をあげている組織には共通した7つの習慣がある。
その習慣が風土として定着している組織では、メンバーが自発的に行動し結果を出す。

第 4 章

ノルマに頼らずに結果を出す「マネジメント」の原則

多くの社長、上司が気づいていない若手社員の「心の内」

「ノルマ」、すなわち**「本人の意思から離れ、他者から与えられた、本人が主体的に同意していない業績目標値」**が逆効果になっていく（つまり欲しくない結果がもたらされる）根本原因とは一体何でしょうか。会社の外に目を向ければ、ビジネスの環境が目まぐるしく変化していることがあります。ノルマで一律に業績管理をしようとしても、技術開発のスピードも、競合企業の動きも、そしてお客さんのニーズも、猛スピードで変化します。このような時代には、変化に柔軟に対応できる組織や人材が必要ですが、ノルマによる一括管理は、社員をそのような「創造性」から遠ざけます。一にも二にも数字を追いかける中で、人の疲弊・離職、モチベーション低下、受け身社員の増加、お客様との信頼関係低下、といったマイナス面が大きくなって逆効果を生みやすくなることをこれまでも書いてきました。

もう一つ、あまり気づかれていない、重要な原因があると私は考えています。それは、今日の若手社員の根本的な「気持ち」の変化です。経営層や上司たちは、「ノルマ」が当たり前の環境で育ってきた人が圧倒的に多いです。さらに、会社というものが自分の人生の一部だった世代にとっては、会社から与えられた数字は「絶対」に近いものでした。

しかし若手世代（20〜30代後半）は違います。彼らは良くも悪くも**自由の時代**を生きています。幼少期からデジタル機器に慣れ親しみ、欲しい情報、やりたいことに苦も無くアクセスできる時代に育ち、**自由**に慣れています。労働環境一つとっても、転職、独立、副業など**様々な選択肢**が増えています。「働き方改革」の流れの中で、自由度はますます増しています。その中で、「自分がやりたい仕事をやりたい」と考えているのが現代の若手世代です。これは根本的な変化なので、否定できません。仮に職場と自分の意向が合わなければ、他にいくらでも代替案を持っています。多少給与が下がっても、知名度が下がっても、自分の自由意志を大切にしたいと願っているのです。きっと彼らは、ノルマを課す経営層や上長に対して、心の中でこのようにつぶやいているはずです。

「あなたの指示・命令を聞く以外にも、私には選択肢がある」

若手世代は、**義務や命令のためではなく、善い目的、自分が心躍る好きな目的のために働きたい**と思っています。そして、実際にそのような会社では、若い世代もいきいきと働き続けています。

「ノルマ管理による操縦」から「自動運転」の時代へ

時代の変化といえば、折しも、自動車の運転も「人による操縦」から「自動運転」に切り替わっています。これまでも、マニュアルからオートマへの移行など様々な自動化の流れがありました。しかし、これからはいよいよ完全な「自動運転」の時代を迎えます。

同様に、これからの時代に必要なマネジメントは、人を働かせるマネジメントではなく、**人が指示をされなくても自ら仕事をしたくなるマネジメント**です。詳しくは、第5章で述べますが、規模の大小、あるいは営利／非営利問わず、元気で働きがいの高い会社は、そのようなスタイルで運営されています。

まず、マネジャー自身がノルマ思考から抜け出そう

「目標値を自ら5倍に」してみたらわかること

これからの時代は、ノルマという数字の強制力でしか部下を動かせないマネジャーの居場所はますますなくなってくるでしょう。これまでも書いてきたとおり、短期的には業績が上がったり昇進したりすることができたとしても、ノルマに依存したマネジャーには、「新しい価値を生み出す力」「戦略を描く力」「人を動機づけるコミュニケーション力」といった重要なマネジメント能力が育ちにくいからです。

ノルマがなくても、自発的に発想し、動けるマネジャーかどうかを判断する簡単な方法が一つあります。一種の逆療法ですが、目標値をあえて「5倍」に設定してみるという思考実験です。そのとてつもなく大きな数値を前にしてどう感じるか、どう発想するか、を自ら見つめてみます。例えば、

- 月の新規商談目標20件のところを100件に
- 半期の受注額目標2億円のところを10億円に

●利益率10%の目標をあえて50%に
●1割の時間短縮の目標を、一気に5割短縮に

といった具合です。もちろんこれは仮想であり、現実的には達成するのは極めて難しい目標です。しかし、自ら構想を練られる人は、ここで、

「これまでのやり方を一旦全否定して考えてみるか」
「もしかすると、こういう方法もあるかもしれない」
「このような技術を使って告知をすれば、10倍のお客さんに発信できるかもしれない」
「そもそも、これまでやっていたこの方法が無駄だったから、思い切って変えてみるか」

といった、創造的なアイディアを思いつくことができます。これまでの想定数字よりも大幅に大きい数字だからこそ、これまで慣れ親しんだ発想から脱することもできるのです。こういう発想ができる人たちは、ノルマという制約がなくなっても、ノルマがあった時以上の成果を挙げられる可能性が高いです。自らの頭で自発的に発想できる土壌があるからです。

ノルマ思考から抜け出す方法

今の目標値を自ら５倍に設定してみると見えてくる。
思考が固まりますか？　柔軟に対応できますか？
自分を試してみましょう。

いくつかわかりやすい例を挙げます。

ネスレジャパンの高岡浩三社長は、従来の発想に囚われない斬新な打ち手で実績を上げているリーダーとして有名です。その高岡社長がまだ一事業マネジャーだった時代に、主力商品「キットカット」の販売を大きく伸ばした斬新な販売促進手法を思いつきました。そのきっかけは、ネスレ本社から「営業利益の500%アップ」というとんでもない目標が課せられたことだったそうです。数パーセントではなく、500%増（つまり6倍）の利益アップ目標となった時、高岡社長は「従来の狭い思考の枠に囚われては、不可能だ」と考えました。そして、「キットカット」を「きっと勝つ」という合格祈願のメッセージとかけて受験生が宿泊するホテルと連携してチョコレートを販促するなど、全く新しい手法を確立して行きます。それ以外にも、インスタントコーヒー販売の枠を破って「ネスカフェアンバサダー」などの斬新な取り組みでオフィスでのコーヒー需要を大幅に伸ばした実績も有名です。

トヨタのプリウスの開発エピソードもよく知られています。プリウス開発の初期段階で、現場の責任者はエンジンの燃費向上目標を50％アップで設定しました。ところが、当時の技術開発部門統括の副社長であった和田明広さんから「50％程度の向上ならばこのプロジェクトは中止だ。2倍を達成しろ」と言い渡されます。この途方も無い2倍という目標が量産車初のハイブリッド車であるプリウス開発へとつながりました。

これ以外にも、経営者はよく、現場が出してくる調整的な「微増目標」に対して、「思い切ってこれくらいを目指せ」というとてつもなく大きな目標を提案することがあります。これはノルマとは違います。「イノベーションを生む発想、斬新な発想をして全くあたらしい価値を生み出そう」というメッセージです。

アップルの創業者、故スティーブ・ジョブズ氏もそのような発想を組織に求めた経営者の1人でした。開発中のiPhoneの小型化に徹底してこだわり、iPhoneの試作品を水槽に沈めて泡が出るのを技術者に見せ、「まだ小さくできるスペースがあるだろう」と言ったというエピソードも有名です。ある技術者は、「顔も見たくないほど嫌なやつだと思ったが、あの時ほど仕事に夢中になれて自分が成長できたと思えた時はない」と語っています。

上記の5倍という仮想数字を見て「想像すらできない」「思考が全く止まってしまう」というマネジャーは、厳しい言い方をすれば、ノルマ管理に慣れ切ってしまっているのか、むしろノルマがあるから心地よいと感じてきた人たちかもしれません。ノルマがなくても自ら動く組織を作るには、あえてこのような大胆な目標を問うてみて、自身がどのような発想を持っているかを試すのが良いでしょう。それは、ノルマのように受け身で考える仕事ではなく、自ら挑戦的に考える楽しい仕事のはずです。まずは、それに気づくことがスタートです。

私の考える「良い会社」は、

● 高収益な事業を持っている　（組織の観点）
● 社員が友人を誘いたくなるような働きがい、働きやすさがある　（人の観点）
● 社会から好かれている、応援されている　（社会の観点）

の3つが基本条件です。この3つのどれか1つが欠けても良い会社とは言えません。

ノルマに頼らずに、「良い会社」を目指すためのマネジメント原則とは一体何でしょうか。私が15年以上にわたりマネジメント理論を研究し、様々な会社の経営者や社員の皆さんの話を聞いて見えてきた、「原則」が以下の6つです。（カッコ内は、上記の良い会社の3条件との照合）

原則1　「使命、ミッション」に立ち返る（人、社会）

原則2　「廃棄」から始める（組織、人）

原則3 「マネジャー」を変える（組織、人）
原則4 「顧客」の視点から、創りなおしてみる（社会、組織）
原則5 「人が自ら育つ」組織をつくる（人、組織）
原則6 「戦略的に正しいこと」よりも「人のモチベーション」を優先する（人）

一つ一つ見て行きましょう。

原則1 「使命、ミッション」に立ち返る（人、社会）

● マネジメントの問題は全て、「ミッションの迷走」から始まる

企業使命、ミッション、という言葉は本当によく使われる言葉です。皆さん、知識としてはこの言葉を知っています。しかし、実際にミッションを重視してマネジメントをしている会社は驚くほど少ないのが現実です。

会社やマネジメントがうまくいかなくなる原因をたどって行くと、結局のところ、「自社の事業使命は何か」がブレて、曖昧になることから始まっています。特に、ノルマでガチガチに社員を管理しているような会社は、そこに至る過程の何処かで、ミッションを見失ったか、十分に検討されなかった歴史があるはずです。

「圧倒的なヒット製品がしばらくない」
「商品数が多すぎて、どれもインパクトに欠ける」
「この仕事へのモチベーションの高くない人、向いていない人を採用してしまった」
「忙しくて人を育成する時間がない」

ノルマによる業績管理に突き進んでいる会社の社員から決まってこのような声が聞かれます。これらの問題はどれも、「自社の使命は何か？　我々の使命に照らして、正しい行動と選択は何か？」が十分に検討されていなかったことから生じています。

人材については特にそれが言えます。前述のネッツトヨタ南国も、自社のミッションや使命感（組織として何を大事にするか）が明確だから、人の採用に大変な時間と手間をかけます。また、ミッションが明確な会社は、心を込めて人を育成し、人が自ら育つために様々な時間的、金銭的な投資をしています。**ミッションを遂行できるかどう**

かはあくまで人にかかっているのだと理解しているからです。

現場のマネジャーこそ、ミッションを語れ

「うちの経営陣は、使命やミッションについて十分語ってくれていない」と不平をこぼす人は多いです。しかし、とりわけマネジャー職についている人こそ、自らミッションを語らなければいけません。ミッションとは、実務の中で試されるものだからです。

「自分の仕事の使命は何か」

「今、この場で、この会議で、この商談で、どう行動することが正しいか」を考え抜き、行動することが大切です。そうすることで、「ノルマによる支配マインド」から自ら抜け出し、社会のだれかを幸福にする重要な仕事を、自分らしく、いきいきと行うことができるようになります。毎日、ことあるごとに、これらの問いに5分でも、10分でも向き合っていただきたいです。ミッションは額縁の中で飾られるためではなく、あくまで、現場での仕事の質を高めるために活用されるべきものです。

ミッションは時代に応じて変化する
～事業の環境、自社の強み、創業の理念に照らす～

ミッションは一度決めたら一生変わらない、ということはありません。もちろん、創業の理念など精神的なものはほぼ変わらないはずです。しかし、「我々の事業の使命は何か？」という問いへの答えは少しずつ変化しうるものです。「事業を取り巻く環境の変化」「自社が他社より優れている強み」そして「創業の理念」の3つから考えることをおすすめします。そこから、

「私たちが事業をする上での使命は何か？」
「私たちの会社は、世の中に喜ばれる、どのような仕事をするために存在しているのか？」

という基本的な問いに改めて向き合ってみてください。特に、ノルマによる管理で社員が疲弊していると感じたら、まず、徹底してこのミッションに立ち返り、日々行われている意思決定や仕事について、

「本当に、これをやっていてよいのだろうか？」

「この先に、ミッションの実現はあるのだろうか？」

と考えてみていただきたいのです。

原則2

「廃棄」から始める（組織、人）

優れた業績を上げる組織は、「廃棄」の達人

優れた業績を上げている組織に共通するのが、常に「廃棄する（すてる）」決断をしている、ということです。例えば、アップル社の日本法人の経営トップを務められたある方は、アップルが徹底して「棄てて、重要なことに絞る」ことにこだわっているエピソードを紹介してくれています。彼は、同社の世界各国の上級マネジメント層を集めた会合に参加した際、

「今、やりたい、取り組みたいと思っていることを順に10個挙げてください」

と言われたそうです。そこで考えて10個書き出すと、次に

「そのうち、4番目以降を全て消して、最初の3つだけに集中してください」と言われたと言います。同社では、創業者であるスティーブ・ジョブズ氏の時代から、徹底して「捨てる、廃棄する」ことで**最も重要なことに自分の、社員の貴重なエネルギーを集中させる**」という考え方が浸透しています。

「To Doリスト」ではなく「To Stopリスト」を

経営学者のピーター・ドラッカーはこのように言っています。

「意識して体系的に廃棄をしない限り、組織は次から次へと仕事に追われる。行っていてはならないこと、行うべきでないことに資源を浪費する。そのため、せっかくの機会を利用するうえで必要な資源、とくに有能な人材が不足する。」

（ドラッカー『経営者の条件』より）

ノルマによる管理で汲々としている組織も、人も、「余分なもの」を抱えすぎています。抱えすぎていて人も時間も足りなくなるから、手っ取り早く管理する為に「ノルマ」を命令形式で課して行きます。私もコンサルティングなどで会社の現場に入らせていただくと、「こういうノルマを課す前に、顧客ニーズを探るとか、戦略を話し合ってから動くべきなのに」という場面にしょっちゅう遭遇します。どの会社も、本質的なテーマを話し合える時間がありません。

多くの日本の会社に必要なのは、**To Doを管理することではなく、まずTo Stopのリストを明らかにすること**です。会社だけでなく、個人も同様です。上記のアップル社の例のように、まず、「やめることリスト」を洗い出してみる。そうすることで、脳の中も、気持ちもすっきりとクリアに晴れて、重要なことにもっと時間を割けるようになります。

●「サイズダウン」する

組織自体の人数が多すぎるのも問題です。ノルマによる一方的な管理スタイルは、マネジメントの力量に対して組織のサイズが大きすぎるから生じます。「うちのチームは2名しかいないのに、それでも上司はノルマだけで管理しています」という人もいるかもしれません。その場合は、残念ながらその上司のマネジメント能力のキャパシティが「1人分（つまり自分自身分）しかない」ということです。実際、1人では抜群の業績を上げるけれど、部下を持つと一方的なノルマ管理しかできない、というケースは思いの外多いです。

思い切った組織のサイズダウンが必要です。自分たちのミッションを考え抜き、その実現を目指す上で、明らかに大きすぎる組織の場合は、人数自体を少なくするか、マネジメントするチーム単位を小さくする、といった工夫が必要です。

原則3 「マネジャー」を変える（組織、人）

●マネジャーには向き、不向きがある

マネジャーとは、その組織の方向性について最終的な意思決定を行う人です。細かい指示・管理をしないとしても、軋轢が生じればそれを解決する責任を持ち、時間

的・金銭的な投資が必要であれば、その決断を迫られます。仕事の生産性も、社員のモチベーションも、結局のところ**マネジャーの質、とりわけその考え方の質**にかかっています。にもかかわらず、**どのような人をマネジャーに選ぶべきかを真剣に考えていない企業**が非常に多いです。

日本の企業にとりわけ多い、「個人として業績を上げた人」「一定の年齢になった人」がマネジャーに昇進する、というのは悪しき習慣です。マネジャーには向き、不向きがあるからです。例えば、営業として抜群の実績を上げた人を営業部長にする、支店長にする、というのはよくあるパターンですが、その結果、「部下のケアができない」「自分自身が未だに商談に出ていくプレイングマネジャーから抜け出せない」といった不平不満が起きやすいです。しかしこれは、当たり前です。もともと「個」として成果を挙げることに長けていた人が必ずしも「組織」を成長させて成果を挙げられる保証はないからです。少なくとも、本人に**マネジメントという仕事への情熱や責任感**、そして何より**人への関心**がなければ、まず不可能です。

「あの人は個人としてはすごい業績を上げたけれど、マネジメントをするとパフォーマンスが下がるし、部下も本人もいきいきとしていない」

こういう状況が起きるのは、なんとしても防ぎたいところです。

マネジャー(上司)にしてはいけないタイプとは

私の専門テーマは「組織マネジメント論」なので、ここでは体系的に、「マネジメントとは本来こういう仕事です」という詳細の説明をしたいのですが、紙面の関係上かないません。ご関心ある方は、他の拙著や公開記事をお読みいただければ有難いです。

向いていない人は、無理にマネジメントをする必要はありません。思い切って人材を変えることも必要です。マネジャーに向き、不向きがあると書きましたが、ここでは、「こういう人をマネジャーにしてはいけない」という3つのポイントを、ピーター・ドラッカーの表現を借りて、端的に書きます。ドラッカーは、「マネジャーに任命してはいけない人のタイプ」として、以下を挙げます。

①「強みよりも弱みに目を向ける者をマネジャーに任命してはならない」

②「何が正しいかよりも、誰が正しいかに関心を持つ者をマネジャーに任命してはならない」
③「真摯さよりも頭の良さを重視する者をマネジャーに任命してはならない」
（ドラッカー『マネジメント』より）

実務の現場を観察しても、この3つは、本当にこのとおりだと思うことばかりです。まず1つ目について。マネジメントとは、結局、限られた人的リソースの中で、メンバーが持っている強み、長所、武器を生かして、個人ではできない、集団ならではの成果を生み出すことです。しかし、マネジャー自身がやたらと人の弱みにばかり目を向けるタイプだと、この大前提が崩れます。マネジャーの注意が人の弱みや問題にばかり行くので、メンバーも互いをそのような視点で見るようになります。その結果、「あの人の短所はどうすれば改善するんだろう」「あの人の問題点はここだよね」といった一円の利益も生み出さないような話にばかり終始してしまいます。

2つ目の「何が正しいかよりも、誰が正しいかにばかり関心を持つ」人もマネジャーに向きません。何か重要な問題が起きた時、解決策を話し合っている時、「そ

マネジャーに任命してはいけないタイプ

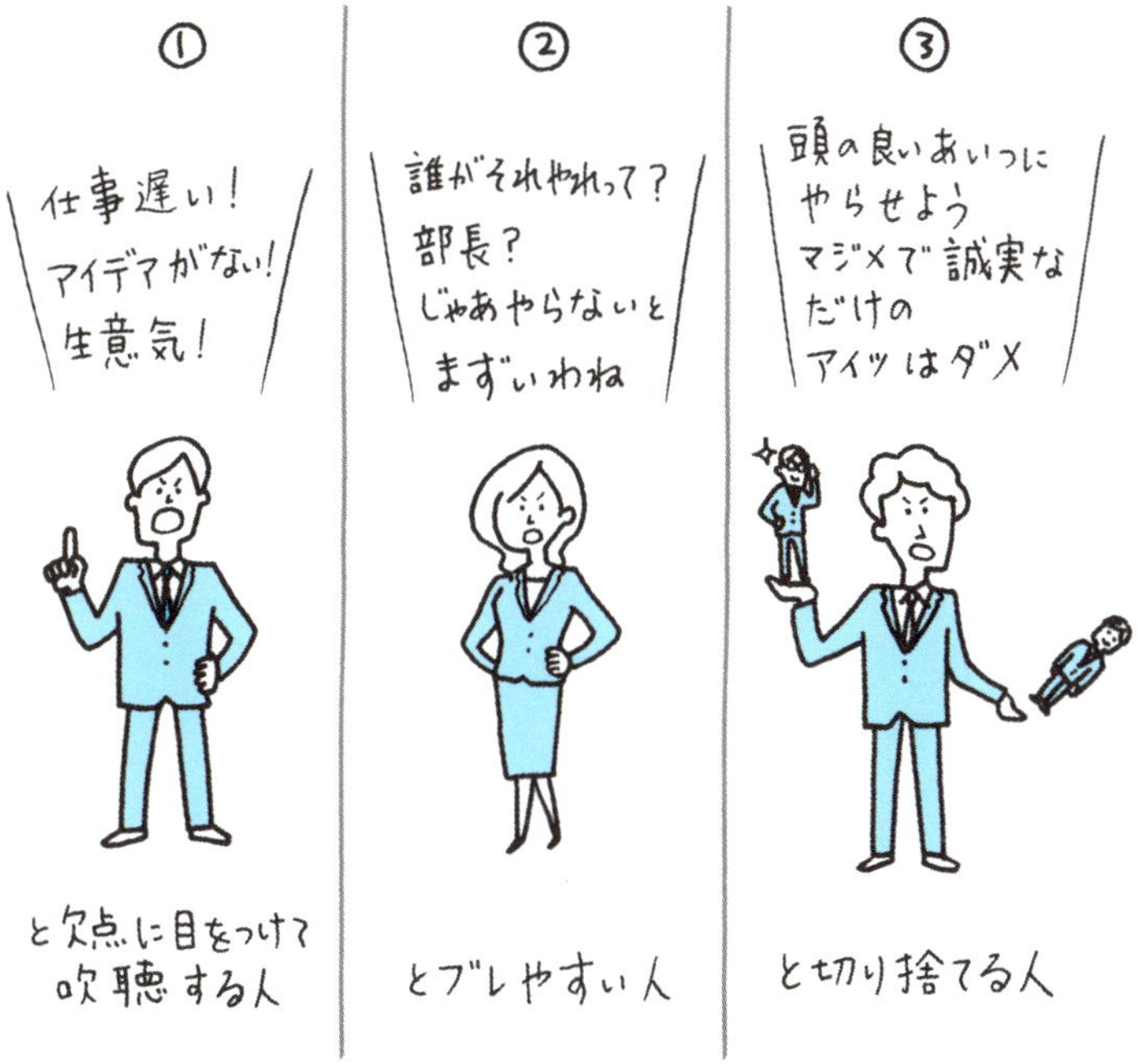

弱みに目を向ける人
何が正しいかより、誰が正しいか？に関心を持つ人
真摯さより、頭の良さを重視する人

れは誰がそういった？」「その人がそう言ったなら、そうするしかないだろう」という発言を平気でするマネジャーがいます。これをやってしまうと、メンバーは自らの頭で考えなくなります。残念ながら、特にノルマによる管理に慣れきってしまっている会社のマネジャー層には、このタイプが圧倒的に多いです。一方、「我々の事業として、組織として、何をすることが大事なのか。ここではどういう判断をすることが我々として正しいのか、それはなぜか」に徹底して向き合う人の下で働いている人は、自分自身で小さな意思決定を重ねるトレーニングができてきます。その結果、自分のアイディアで、自分の判断で仕事を進めることができるようになります。

3つ目の「真摯さ」とは、何でしょうか。これは、人としての誠実さという意味もありますが、「裏表、嘘偽りがなく、一貫している」ということです。もともと「真摯さ」の英語は「Integrity」、つまり**一貫性**です。人として裏表がなく、**組織の使命、個人の使命に一貫して忠実である人、ブレない人**というのがマネジャーの重要な要件になるということです。もちろん、人間なので完璧ということはあり得ません。しかし、そもそもこの「真摯さ」を持ち合わせようとしていない人がマネジャーになると、これまた組織も人も壊してしまいます。おそらく世の中で起きている、「部下を潰してしまうマネジメント」の言動をたどれば、その背景に真摯さの欠如という共通パターンが見えてくるはずです。

3つのうちの1つ目、2つ目は普段の言動など外部から見えやすいものです。3つ目の真摯さは、その人の内面をじっくり観察しなければ見えてきません。言動に非倫理的な点がないか、狡猾に他者を陥れて自身のエゴを満たそうとするような意図がないか、仕事にひたむきに、誠実に向き合う姿勢があるか、など、表層的な言動に惑わされず、その人の本質を見るようにしましょう。これは、マネジャーを選ぶ際にも、とても重要なことです。

向いている人にマネジャーをやらせてみよう

マネジメントの育成トレーニングやコンサルティングの現場で、若手の社員の方と話すと、「この人はマネジメントに向いているな」というのがすぐにわかります。もともと「チームで成果を出す」ことに情熱がある方とか、基本は人に対して関心があって、自分自身も含めて人の能力をどうすれば発揮させられるか、ということに興味がある方は特に向いています。一見、技術職の専門家のように見える人でも、話していると、**人間に対する深い関心と信頼**を感じられる人もいます。そういう人をもっとマネジメントの仕事につけてあげてほしいです。

すぐに公式な「管理職」ポジションに昇格させる必要はありません。私が若手リーダー層のトレーニングを請け負う場合に、「この人は」という人がいれば、その人の上長や社長と話し合い、プロジェクトのような非公式な活動の「長」をやってもらうことをお勧めします。その「長」としての動きの中で、「目的をメンバーと共有する」「まわりの人の強みを生かす」「コミュニケーションを取る」といったマネージャーとしての重要なスキルが磨かれていくからです。

「管理職」「ヒラメ上司」は絶滅種

時代はどんどん変化しています。ノルマや数字目標だけで部下をコントロールする「管理職」的なマネジャー、また上役の目ばかり気にして、言動をコロコロ変えるような「ヒラメ（平目）上司」は絶滅種です。今後確実に、組織からいなくなるはずです。これからの時代に求められるのは、**人の力、組織の力を生かし、価値ある成果を生み出せる真のマネジメント人材**です。「この人はマネジメントに向いていない」という人がいれば、思い切ってそのポジションから解放してあげることも、本人とメンバーにとってメリットのある決断になるはずです。

原則4 「顧客」の視点から、創りなおしてみる（社会、組織）

「顧客創造的」な会社とは

「創造的な仕事をしよう」という言葉をよく耳にします。しかし、会社は必ずしも発明家やデザイナーの集団ではありません。顧客を創り出し、そこから収益を得ていくことで、最終的な使命の実現に向かって成長していくのが会社です。ですから私はあえて「顧客（ファン）創造的な会社になりましょう」とお伝えするようにしています。

顧客創造的とは、ビジネスにおいても、日々の業務においても、

● 「この仕事の顧客は一体誰か？」
● 「顧客が最も買いたいと思う価値は一体何か？」
● 「どうすれば、その価値をより多く提供できるか？」

をメンバーが絶えず考え、随時話し合って、実行に移している状態です。例えば、イベントを開催する時、Webサイトを作る時、新しい営業プランを練る時、顧客にプレゼンテーションをする時、新商品を開発する時、これらの問いに意識を向けることで、会社に利益という報酬をもたらしてくれる唯一の存在である顧客（ファン）を創造する（これまでの顧客をさらにファンに変えることや、これまで自社の顧客でなかった人を顧客にすることまで含め）力がどんどん高まっていきます。

「顧客を創る仕事」こそが、社員の喜び

私は、ドラッカーからこう教わりました。

「人のモチベーションを高める最良の方法は、部下の仕事を生産的にしてあげることだ」

「生産的」とは何でしょうか。**顧客が買いたい価値を自らの仕事で創り出せている、またそれが実感できる**、ということです。そうすれば、社員のモチベーションは自ずと上がるものです。

しかし残念ながら、ノルマに依存した管理によって、社員は、**顧客にとっての価値を創るために創意工夫するという最大の喜び**を失っています。社外の顧客であれ、社内の顧客であれ、それは同じです。社員が喜びに溢れ、モチベーションを取り戻し、生産的な仕事を増やしていくために、徹底して**顧客の視点**に立って自社や自部署を見つめてみることが大切です。

「顧客から見たら私たちの組織は、行動は、どう映るだろう。」

「顧客から見たら、私たちの組織にはどんな問題があるだろう。」

「顧客が、私たちから提供されて最も嬉しいものは何だろう。」

このように考えて、話し合ってみる時間はとりわけ貴重です。自分たちが一生懸命提供しているものと顧客が最も欲しているものが合致しているというのはむしろ稀です。自分たちの狭い視野から出て、顧客の視点に立って見ましょう。顧客に直接問いかけることももちろん有効です。「私たちから、最も買いたい価値は何ですか?」と。

顧客もその答えをまだ持っていないかもしれません。しかし、その問いが、顧客の願望を浮き彫りにして、また新たなビジネス機会を生み出してくれることもあります。そのような**顧客を創造する瞬間**にこそ、社員は「ああ、この仕事をしていて良かった」と感じられるはずです。

原則5　「人が自ら育つ」組織をつくる（人、組織）

●「人材育成」の目的は何か

ある人材育成機関の最近の調査によると、マネジャーの悩みや関心事の第一位が「人を育てること」です。多くの人がこの「人の育成」に悩んでいるのは間違いなさそうです。

「人材育成」とは、一体何をすることなのでしょうか。明確な定義を持っている人は、経営者でも少ないかもしれません。私は以前、ある勉強会でご一緒した学校教育の専門家の方にご質問したことがあります。「人が成長するとはどういうことでしょうか？」と。その方の答えは明確でした。あくまで「学校教育の現場での考え方」だと前置きされた上で、こう答えられたのです。

「成長とは、**自立と協調ができるようになる**ことです」

とてもシンプルな定義でした。私はこれを聞いた時に、「企業でも本質は同じだな」と思いました。「人材育成に手が回らない」と嘆く人たちは、知識や技能を教える時間を長く取らなければいけないと考えていますが、自立と協調を促すという本筋の目的を見失いがちです。

実は、ピーター・ドラッカーも同様のことを言っています。

「人間にとって成長ないし発展とは、何に対して貢献すべきかを自らが決定できるようになることである」

（ドラッカー『現代の経営』より）

組織において個々人が自立し、自ら貢献することを決め、仲間と協働・協調することで、優れた成果を生むことがマネジメントの原則です。自立した人間同士が、目的を強く共有して協働することで、最大の成果が生まれるからです。

「自由裁量」がモチベーションの鍵

私はよく、企業へのコンサルティングやトレーニングの場で「最もやりがいが高かった職場と理由」を挙げてもらいます。その理由の中で最も多い回答が、

●目的の共有
●自由裁量を与えられ、任されていること
●信頼関係とコミュニケーション

の3つです。1つ目と3つ目はある程度予想できたのですが、2つ目が実は圧倒的に多く回答されたことが、当初は私にとって意外でした。人はある程度の自由裁量が与えられた時に、やりがいを感じるのだと確信しました。

「君のこういう能力や姿勢を信頼しているから、任せたい。」

この言葉以上に、人がモチベーションを掻き立てられるものはないのかもしれません。

育てようとすればするほど、人は育たない？

今の組織の多くのマネジャーは、「人材育成をしなければ」という呪縛に囚われ過ぎているように見えます。「育てなければ」と思うあまりに、マネジメントの本質を見失っているように見えるのです。大切なことは、人の強みを生かして成果と価値を生む結果として**人が自ら育つ**ということです。

実際、様々な組織とお付き合いをする中で私が感じるのは、「育てようとすればするほど、人は育たない」ということです。人を育てることを目的にすると、どうしてもその人の弱点の強化に目がいきます。マネジメントが向き合うべき問いは、「どうすれば育てられるか」ではなく、「この人の強みを生かして、どのような優れた成果を生み出せるか」です。そのように考えて舞台を与え、挑戦させ、成功も失敗も自ら経験させながら、必要なときに上長が相談に乗ることで、人材は自ら育って行きます。

やりがいのある責任と自由を与えることで人が育つ

今、多くの企業で業務が細分化されすぎています。細分化された業務のさらに細部を「管理」されることで、社員はモチベーションを失っています。「仕事の全体が見えない」「お客さんがこの仕事でどう喜んでいるのか、想像ができない」といった声をよく聞きます。このような現状の中で社員が受け身になっている状態が、「人が育っていない」という風に映っているのかもしれません。社員にもっと権限と情報を渡し、任せ、活躍するフィールドを与えましょう。

「人が育つ」ための条件

多くの組織の現場の人たちの意見を聞きながら、「人が育つ条件」を整理してみました。私の研究してきたマネジメント理論を総合して導き出した8つの条件でもあり、私自身が「この人の下で働く部下は育っているな」と感じる人たちの特徴を集めたものでもあります。

①信頼関係がなければ人は育たないことを肝に銘ずること

子供も大人も一緒です。本人との間に「信頼関係」がなければ、育成のためのコミュニケーションは成り立ちません。信頼関係は相手を無理に好きになるとか迎合するとか、そういうことではありません。では、どうすれば少しでも相手と信頼関係が築けるのか。育てたい部下がいる場合は、そこから考え始めると良いのではないでしょうか。

②「育成」の目的を考えること

「育成」はあくまで手段です。育成の結果として、どういう人材になって欲しくて、どんな形でいきいきと活躍する人になって欲しいのか。実はほとんどの人がこれを考えられていません。「自分たちはこうして育った」の発想は捨てるべきです。これからの新しい時代に、部下がどのように育って成功して欲しいか、それを考えるべきです。

③できる限り「自由裁量」を与える勇気を持つこと

能力や業種によって程度の差こそあれ、人を育てるには「自由裁量」をある程度与える以外にありません。そして、自由裁量の中で自分なりに創意工夫していくことがモチベーションの源泉になります。上司は、「この仕事でどれだけの自由裁量を与えて任せてあげられるだろうか（失敗からも学べることがあるとすれば何か）」「どこまでの失敗なら許容してチャレンジさせてあげられるだろうか」と考えることです。勇気がいることかもしれません。しかし、子供と同じで大人も、成功も失敗も自分で経験しないことには、成長しません。

④仕事の目的と成果を明確にするために、コミュニケーションし続けること

自由裁量、任せること、の前提にもなりますが、「仕事の目的と目指す成果」については絶えず、コミュニケーションし続けることです。対話を繰り返さなければ、本当に上司と部下双方にとって腹落ちする成果のイメージは共有できないからです。仕事が進んでいる途中でも、繰り返しこの「目的は何だったか、目指す成果は何か」を腹を割って話し合うこと、そしてそれをできるだけ書き留めて共有することがとても

大切です。

⑤強みの発揮を促し、勇気を持たせること

自由裁量で仕事にあたると、部下はいろいろな困難にぶつかるでしょう。その時に、何を以て乗り越えられるか。それは自分の中にある強みと長所を知り、それを発揮することです。ドラッカーの有名な言葉にあるように、「何事かを成し遂げられるのは、弱みではなく、強みによって」です。自分の強みを認識させ、自分は難題にも立ち向かえるのだという勇気を持たせることです。

⑥必要な時に相談に乗り、手助けすること

「自由裁量を与える」ことと「丸投げをして、放置する」ことは全く違います。任せながらも、助けが必要な時は相談に乗ってあげること、本当に危機的なトラブルになりそうな時は上司である自分が責任を持って出て行く準備をしておくことです。組織でよくある「梯子を外す」などというのは論外です。

⑦一緒に、「横の関係」でフィードバックと評価を行うこと

「4」で考えた仕事の目的や成果について、数ヶ月、あるいは数週間内に振り返る「フィードバック」の時間を持つことです。ここでも一方的に上から目線で「これはできたな、これはできていないな」などと評価をしないことです。上長の自分が考えていた目的や任せ方に改善の余地もあるかもしれません。大切なのは、なるべく横の関係で、対等な目線で行い、達成できたことは率直に褒めることです。

また、このフィードバックを行うことのもう一つの利点として、「部下の本当の強みが何か、強みでないことは何か」が徐々に見えてくることがあります。強みと強みでないことが見えると、今後の仕事の割り振りや、期待する役割をそれに応じて調整していくこともできます。

⑧このプロセスを繰り返していくこと

部下個々人の性格やキャラクターに応じて調整は必要ですが、人が育つ環境を作りたいと思うのであればこれら7つのことを常に考えて、過程を書き留めて、繰り返していくことです。人を育てるマネジメントは、スポーツと同じで、練習すればするほ

人が育つための8つの条件

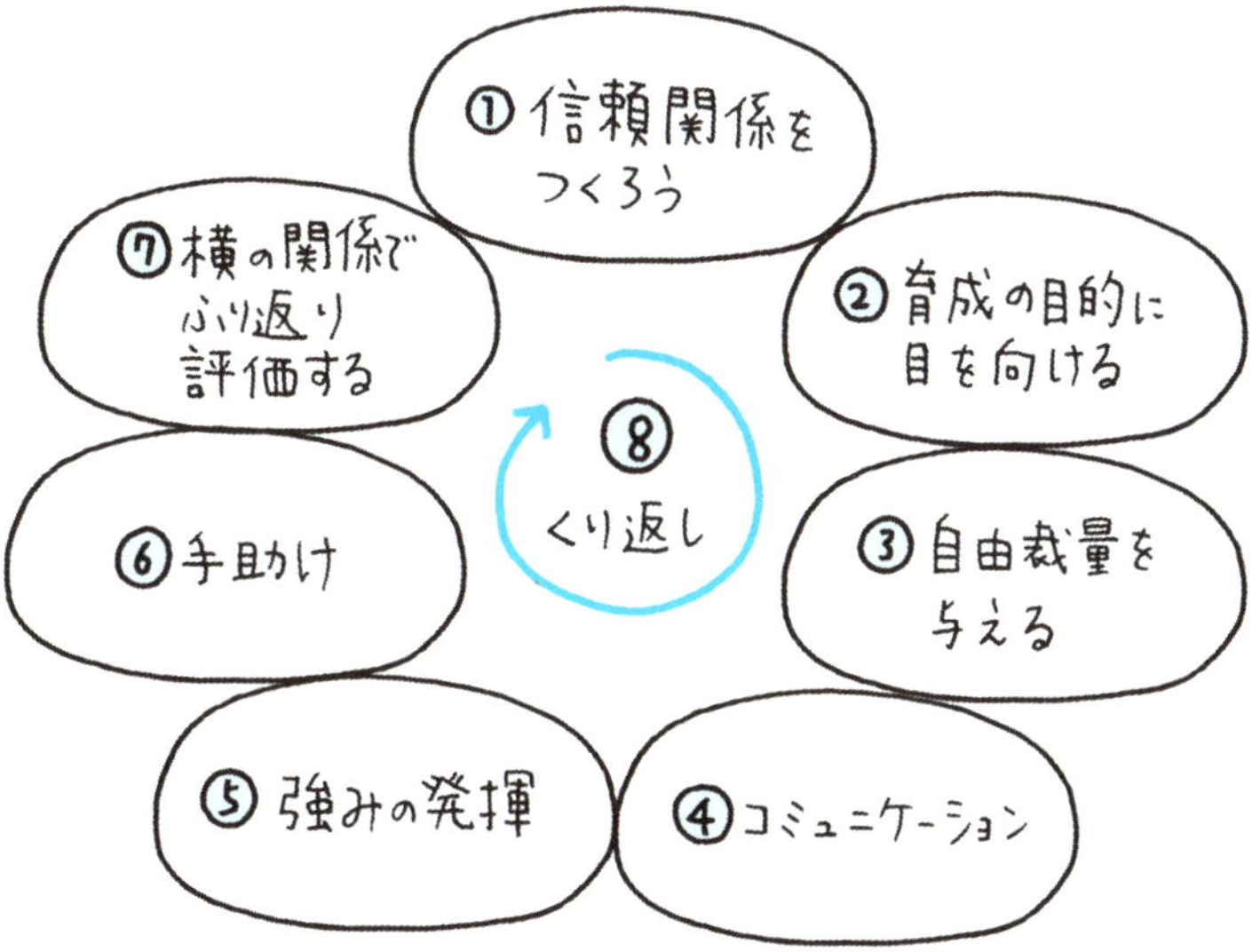

人が育つ環境を作りたいなら、
これら8つを常に考える。
繰り返し練習することで上達する。

ど上達していきます。

上司として大切なこと

「やってみせ、言って聞かせて、させてみせ、ほめてやらねば、人は動かじ。話し合い、耳を傾け、承認し、任せてやらねば、人は育たず。やっている、姿を感謝で見守って、信頼せねば、人は実らず。」

（太平洋戦争開戦時の連合艦隊司令長官　山本五十六氏）

部下と対話をすること、任せること、信頼すること。古今東西、「人を育てる」ことの本質には共通原則がありそうです。

「あの時、あの上司がいたから、今の自分がいる」

おそらく誰にでも一人は必ずいる、そのような上司が増えていくことで必ず職場は元気になります。そしてそれは、人も、組織も、社会も幸福にする大切なマネジメントの仕事です。

原則 6

「戦略的に正しいこと」よりも「人のモチベーション」を優先する（人）

●「戦略」的に正しければ人が動く、という大きな誤解

コンサルティングや人材育成の現場で中小企業、大企業の社員の皆さんと話していて近年特に実感することがあります。それは、論理的・戦略的には正しいと思う方針でも、社員が心からワクワクしてやってみたい、挑戦してみたい、と思わなければ人が動かず、実現しないということです。

星野リゾートの星野社長は、「マーケティング的に正しいことよりも、人のモチベーションを優先する」と言います。例えば、宴会客をターゲットとすることが市場データから導き出された戦略として「的確」な方針であったとしても、社員が心躍らないのであればそれを採用しないと。その理由は、ホテルの従業員が最も精神的に負担と感じるのが、泥酔した客への対応だからだそうです。

「社員のモチベーション」が高ければ、顧客を魅了する優れた商品が生まれる

もちろん、前述のとおり、組織に戦略が不可欠であることは言うまでもありません。マネジャーは、戦略的方針、産業の動向などを見極めて意思決定する必要があります。しかし、最終的には、その戦略方針を社員が「やりたい、やってみせる」「これを成功させたい」と思えるかどうかです。それにはもちろん、リーダーが戦略的意義をどう現場に伝えるか、も関わってきます。業績不振に陥った会社も、リーダーが変わり、戦略方針について社員と対話し、彼ら、彼女らの気持ちに火をつけ直すことで業績が大きく伸びる、ということがよくあります。これは、スポーツチームなどでも同様です。

「ノルマ」で閉ざされてきた、社員の「情熱」を解き放つ

多くの会社では、「戦略的・論理的に正しいとされたこと」が上層部で決められ、

現場にノルマだけが降りてきます。社員にまで降りてきたときには、「この業務を、やることになっている」という状態です。戦略や論理が優先され、社員のモチベーションなどは、ほぼ議論の俎上にも乗らないのが一般的です。

今は、資本力や企業規模で勝負が決まる時代ではなく、仮に小規模・少人数でも「社員の発想、知恵、モチベーション」によって大きな差がつく時代です。さらに、上述の通り、自由な時代に生きる現代の若手社員世代は、自分たちの自由意志を発揮し、顧客の満足を創り出すために、ワクワクするような仕事をしたいと心から願っています。そのような社員の心の声に気づかず、あるいは無視して、ノルマという統一ルールにはめようとするやり方が機能しないのは明らかです。

人の「モチベーション」が動く5つの条件

社員がその仕事をやりたいと思うのはどういう要素が揃った時でしょうか。もちろん、手間がかからないからとか、安易にお金が儲かるから、といった理由で十分なはずはありません。私の知る限り、社員がその仕事を心からやってみたいと感じる上で、以下の5つの条件が満たされていることがとても大切です。

●その仕事を通じて実現したい「結果」が具体的にイメージできるか
●何らかの「新鮮さ」「新しさ」「楽しさ」といった要素が入っているか
●その仕事をやることに「意義」「使命」を感じられるか
●自分の「能力」「資質」が活かせるか
●尊敬し、信頼できる「仲間」と一緒に働けるか

これら5つの条件が完全に満たされるということは少ないかもしれませんが、これらを意識してメンバーと対話をするだけでも、モチベーションはプラスの方向に動いていくはずです。また、これらを見てお判りかと思いますが、会社の都合だけでは決して人は動きません。その会社の目的と「自分」の価値観や願望や強みをどう融合させられるか、社員は意識的／無意識的にそれを探っています。だからこそ、マネジメントには、部下の意見を聞き、**心の内、内面を理解**し、相手に届く言葉を選んで使う努力も必要です。手間がかかる、と思われるかもしれません。しかし、その努力に

よって人のモチベーションが高まり、自ら仕事に前向きに取り組んでくれて、結果も出やすくなるとすれば、どうでしょうか。かけた時間を上回る大きなリターンが戻ってきます。

また、このようなマネジメントは同時に、社員が自分自身の目的やモチベーションの源泉に気づいていくことも求めます。上長が真摯に働きかけても自ら主体的に応えようとしない、その意思がそもそもない、という部下がいたとすれば、その組織には合わないということです。別の可能性を探ることが本人にとっても会社にとっても良い結果に繋がるはずです。

1年後に「ノルマ」を生むか、「社員がいきいきと取り組む生産的な仕事」を生むか

社員のモチベーションに火がついて仕事が進む場合には、当事者が主体的に取り組むのでその人がどんどん成長し、周りの人も巻き込まれて行き、社員の創意工夫や付加価値がその仕事に盛り込まれ、顧客にとってますます魅力的な商品やサービスに育って行きます。これは会社の業績にとっても従業員の満足感においても、大きなプ

ラスです。
多くの人が口では「モチベーションが大事だ」と語ります。その結果、様々な「モチベーション向上スキル」の研修を受けたりします。しかし、大切な原則は、

「社員の真のモチベーションは、仕事によってしか上げることができない」

ということです。社員がモチベーション高く、いきいきとその仕事に取り組めるか。これからのマネジャーの力は、ノルマを遂行することよりも、そのような生産的な仕事をたくさん作っていけるかどうかで評価されるべきです。

まとめ

ノルマに頼らず、メンバーが自ら主体的に動いて結果を出すマネジメントには、原則がある。「使命」「廃棄」「マネジャー」「顧客」「育成」「モチベーション」の6つが、キーワードである。

第5章

これからの時代に成長する組織と人のカタチ

働き方に「すでに起こっている未来」

2つのキーワード

私たちは、仕事に追われているとなかなか「自分の周りで起きている変化」に気づくことができません。経営学者のピーター・ドラッカーはこう言っています。

「重要なことは、すでに起こった未来を確認することである。すでに起こり元に戻ることのない変化、しかも重大な影響をもつことになる変化でありながら、未だ認識されていないものを知覚し、かつ分析することである」

（ドラッカー『すでに起こった未来』より）

今、私たちの仕事、職場、組織、働き方において、明らかに起きている重要な変化とは何でしょうか。私は、以下の2つを特に重要なキーワードと考えています。

- 「フリーエージェント」化の流れ
- 「セルフマネジメント」化の流れ

の2つです。

「フリーエージェント」については、米国の著述家ダニエル・ピンク氏が書いた『フリーエージェント社会の到来』（ダイヤモンド社）という本に詳しいです。特定の組織に雇用されず（あるいは、複数の組織から報酬を受け取り）、自由に仕事をする働き手のことをフリーエージェントと呼んでいます。以前の言い方でいえば、フリーランスに近いです。しかし、フリーエージェントは、フリーランスよりも広い意味で、小規模組織を経営する起業家や、様々なプロジェクトや企業と契約を交わし対価を受け取るという実業家まで幅広く含まれます。ピンク氏によると、すでにアメリカでは4人に1人がフリーエージェントで、労働人口の中では50％近い割合です。この流れは、日本にも確実に届いていています。

もう一つのキーワード、「セルフマネジメント」には2つの意味があります。

働き方に「すでに起こっている未来」
～2つのキーワード～

今、明らかに起きている重要な変化！

●**自分自身という資源**を活かす
●上司ではなく　**自分で自分をマネジメント**する

という2つです。
このセルフマネジメントという言葉を経営の世界に初めて本格的に持ち込んだのも、ピーター・ドラッカーでした。彼は著書でこう言っています。

「知識労働者は自らをマネジメントしなければならない。自らの仕事を業績や貢献に結びつけるべく、すなわち成果をあげるべく自らをマネジメントしなければならない。」

（ドラッカー　『経営者の条件』より）

この『経営者の条件』という書籍が書かれたのは、1966年、実に50年以上前です。しかし大きな時代の変化を捉えることに長けていたドラッカーは、工業化社会、すなわち「物」「お金」を中心にした事業環境が、人の「知識」「知恵」「思い」を中心にした事業環境に変化していくことを予見しました。知識や知恵は、外からは見えません。その人の内側にある経営資源です。その内なる資源を把握し、生かして、成果に繋げるには、上からの指示・命令というスタイルではなく、**自分自身が自らをマネジメントすること**が条件だとドラッカーは考えました。

私が米クレアモント大学院大学ドラッカー・スクールＭＢＡ課程に在学中にドラッカー本人から聞いた言葉で今でも印象に残っているのが、この言葉です。

「You cannot manage other people unless you manage yourself first.
（まず自分自身をマネジメントできない限り、他者をマネジメントすることはできない）」

人の強みや能力など、外から見えない知識や知恵を活用していく時代に、それをまず自分自身に対して実行できない人が、メンバーの内なる資源を生かしていくことができるでしょうか。また、自分自身の明確な意図を自分で認識し、自分自身を自分で動機づけていくことができない人が、周りの人にポジティブな影響を与えて動かしていくこともできないはずです。それは上司の指示で、受け身でやる仕事ではなく、自分自身が責任を持って行う仕事です。

この「セルフマネジメント」は、ドラッカー・スクールのジェレミー・ハンター准教授が20年近く前から研究を発展させています。ハンター教授とは私も一緒に仕事をさせてもらうことが多いのですが、彼の話を聞くたびに、**自分自身をマネジメントすること**がこれからの時代にいかに重要なことか、実感させられます。また、最近特に注目を集めたビジネス書『ティール組織』（フレデリック・ラルー著　英治出版）の中でも重要テーマとしてこの「セルフマネジメント（同書では「自主経営」と訳されている）」があげられています。

「フリーエージェント」化と「セルフマネジメント」化の流れは、組織と個人の関係が大きく転換することを示す、重要なキーワードです。

主体は「会社・組織」から「志のある個々人」へ

ドラッカーの言う「知識労働者」の定義はシンプルです。

「知識労働者とは、知識という生産手段を自ら携行し、組織内外を縦横無尽に自由に動き、価値を生み出す人たち」

です。私たちの周りでも、知識労働者が増殖しています。工場やオフィスという物理的環境にとらわれず、パソコンやスマホ、タブレット端末を軽快に持ち運び、カフェや屋外で世界中のビジネスパートナーと対話し、プロジェクトチームを創り、モノづくりであれ、サービスであれ、次々と斬新な企画や魅力的な商品を作り上げていく人たちです。

生産手段を会社が保有し、雇用された社員がそれを使っていくという時代は終わりを告げています。もちろん、会社には情報やお金、顧客情報など豊富な資源が依然あります。しかし、それを活かせるかどうかは全て社員の中にある「知識」「知恵」「意思」に委ねられるのです。このような時代に「ノルマによる上意下達の管理」が機能しないことは明らかです。根拠や目的が曖昧な「やらされ」仕事において、いきいきと自分のアイディアを出そうなどという人は、いないはずです。

「副業」により個人が経営能力を持つ時代

先日、大手広告代理店に勤務する30歳の社員の方とお話ししました。彼は、もちろん会社の仕事もしっかり遂行しながら、副業として地方活性化を促進する「非営利組織（NPO）」を経営する経営者でもあります。彼の言葉を聞いて、私はまさに「フリーエージェント化」「セルフマネジメント化」の流れを確信しました。

「単なる副業というより、社外で非営利組織を経営する『経営者』であるという事実を会社に知ってもらってから、会社の中での自分への信頼感がぐんと上がった気がします。これまで以上に、面白い仕事を会社からも任せてもらえるようになったし、自分の希望や意図も通りやすくなりました。」

10年前だったら考えられなかったことでしょう。そもそも副業は禁止されていただけでなく、平日夜や週末に何らかのボランティアをやっているだけでも、会社の上司や先輩から「何やってんだ。仕事に支障きたさないようにしろよ。」といったことは普通に言われていました。それが、つい最近のことなのです。

上記の広告代理店の方は、「副業での経験や人脈が本業にも間違いなく良い影響を与えている」と言います。通信技術の変化、労働環境の変化、法制度の変化を受けて副業が徐々に解禁される中で、個々人が経営力、事業マネジメント力を持つようになりました。そしてこれは、**会社と個々人の力関係が大きく変化していく**重要な転換点でもあります。

同様に、海外の経営大学院を最近卒業した、ある著名企業に勤めるHさんも、会社に副業申請をして受理され、社外のベンチャー事業の立ち上げにも参加しています。これまで主に技術畑で育ってきたHさんは、プログラム企画やマーケティング、ビジネスプランまで一通り手がけるベンチャー事業での経験が、大企業での本業にも役立つと語っています。これまでは目の前の業務に忙殺され、それをこなすことで頭がいっぱいだったそうですが、「会社の戦略とは」「マーケティングで重要なこととは」という視点を副業から得られたことで、会社の仕事に向き合う自分自身の意識、姿勢も大きく変化したと言います。与えられた業務を（その意味を深く咀嚼する余裕もなく）着々とこなしていた時期と比べて、より全体目的を理解して進められるようになったそうです。全体観を持つことで、部分部分の業務の質が上がっていっているのです。

副業で磨かれた社員のスキルを積極的に本業でも生かしてもらえるかどうかは、マネジメントの力量次第でもあります。彼ら、彼女らの内なる知識や情報を絶えず対話を通じて引き出し、それらを本業のミッションに活用できるようにすることもマネジャーの重要な役割です。自分のスキルや知識を認めてもらえて、本業のやりがいの高いミッションにも役立てられると感じれば感じるほど、**社員の本業への貢献意欲**が高まるはずです。現時点では、副業で行う仕事のスケールよりも、本業のスケールの方が大きいことが一般的です。その分、副業で磨いたスキルや知識や人脈を駆使して、本業でやりがいのある仕事に存分にチャレンジしてもらうという**好循環**が生まれていく可能性は十分にあります。

「会社」は「カンパニー」へ原点回帰する

株式会社を意味する最も一般的な英語はCompany（カンパニー）です。この言葉には、「仲間」という意味もあります。元々会社とは、「共通の夢や目的を持って、協力して事業を創っていく仲間」という意味だったのです。ソニーも、ホンダも、また日本の株式会社の原型とも言われる坂本龍馬たちが創設した亀山社中も、皆最初は**カンパニー**(**仲間**)の集まりでした。それが大組織化し、複雑化し、(昨今も頻繁に起きているように)株主のマネーゲームに翻弄され、「数字」を上げることが目的になり、社員も受け身で主体性をなくしてしまっているのが現在の姿です。逆説的かもしれませんが、「フリーエージェント化」「セルフマネジメント化」という**個の変化**が、実は**このカンパニー**(**仲間**)**への原点回帰**に繋がると私は考えています。

主に家庭用の冷暖房のメンテナンスを手がける、ある中小企業では、厳しい競争に晒されて業績が著しく低迷する中で、若き経営者が幹部クラスの社員を中心に「独立開業」を支援し、個人事業主として会社と契約してもらうという決断をしました。売上と利益は折半です。その結果、何が起きたかというと、「経営感覚」を持った個人事業主の皆さんのサービス品質が大きく向上し、会社の業績も急回復したそうです。

会社に雇用されて守られていたことで、会社への依存や甘えが生まれてしまい、人の能力が閉じ込められていた状態から、個々がフリーエージェント化し、自立して仕事を捉えなおすセルフマネジメントを実践する中で、本来のカンパニー（仲間）としての底力が蘇りました。

「自立性」「独立心」「起業家精神」と「仲間意識」は決して矛盾するものではありません。むしろ、自立した個が支え合うことによって、本当に強い組織とチームが生まれます。

誰もが「生産手段と資本」を持つ

上述のダニエル・ピンク氏は、『フリーエージェント社会の到来』の中で、「デジタルマルクス主義」という面白い言葉を使って、新しい時代を表現しています。インターネットと通信機器さえあれば、世界中の至る所で、誰でも経済活動に参加できる経済環境で、一般市民全体にまで**生産手段と資本**が行き届くようになった時代という意味です。ピンク氏は、デジタルマルクス主義について、こう語っています。

「コンピューターが安価になり、携帯電話の端末が普及し、どこにいても地球規模のネットワークに接続できるようになったおかげで、**労働者は再び生産手段を手に**できるようになった」

（ダニエル・ピンク『フリーエージェント社会の到来』より）

自分で自分の「仕事」を定義する

ノルマによる一方的な管理がなくなれば、人はすぐに前向きに、生産的に仕事ができるようになるかと言えば、それほど簡単ではないでしょう。残念ながら、現時点では、いざノルマがなくなると「自分はどんな仕事をしたら良いんだ」と途方に暮れる人も少なくないはずです。元々はアイディアも意欲も豊富だった人が、長くノルマによる管理に慣れてきた結果、自分自身の仕事を自分で定義し、設計することができなくなる、というのはよくわかります。むしろ、日本社会ではそういう人が大多数でしょう。

さらに、情報技術の劇的な進化や昨今の「働き方改革」の流れもあり、私たちの仕事を取り巻く環境も随分変化しました。仕事が自動化・効率化・高速化される中で、皮肉にも、我々にとっての仕事が一体何であるかが見えなくなってもいます。それは経営者であっても、一般社員であっても同様です。

読者の皆さんは、**自分の仕事**について、自分で納得感と誇りを持てる定義をお持ちでしょうか。毎日、忙しく効率的に業務を進められている方も、それがご自身にとっての本当の仕事だと自信を持って言える人は少ないかもしれません。自分で自分の仕事を定義するために、私たちは、自分にどんな問いを投げかけ、**自分の仕事をどう発見**して行くべきなのでしょうか。

経営学者のピーター・ドラッカーは、ビジネスパーソンや経営者と話す時、必ずと言って良いほど、以下の問いからスタートしていました。

「What is your business?（あなたの仕事は何ですか?）」

この問いは、相手が地域の中小企業の経営者でも、病院のスタッフでも、学校の校長先生でも、営業担当者でも、もちろん大企業の経営者でも、変わることはありませんでした。

かつてGEという巨大組織を率いて、名経営者と呼ばれたジャック・ウェルチ氏もその1人でした。ウェルチ氏は、自身の回顧録や講演で、このドラッカーの問いに最初に出会った時のことを再三語っています。

「世界的に著名なコンサルタント、ドラッカーとの初対談を楽しみにしていたが、最初に問われたこの問いにやや拍子抜けした。ドラッカーともあろう人が、我が社のビジネスについて知識を有していないとは……。しかし、冷静にその問いに向き合った時に気づいた。実はGEのビジネスが多角化を繰り返した結果、結局我々の仕事が、ビジネスが一体何なのか、すっかり見失っていたんだ。」

その時に、ドラッカーはウェルチ氏にこのようにアドバイスしたと言われています。

「ワクワクドキドキしてやっている事業以外は、すべて止めたらどうだろう。ワクワクしながら、意気込みを持ってやるような仕事でなければ、お客に対して失礼だ。」

GEの例はスケールが大きすぎるかもしれません。しかし、ドラッカーの「What is your business?」の問いは私たち一人一人が常に向き合うべき問いです。日々目の前の業務や管理に忙殺され、自分の仕事が見えなくなっている人たちがたくさんいます。業務をこなした先に、自分が欲しい結果が得られている実感も持てない、という状況です。もちろん私自身も、忙しい時はいつもそのような状況に陥ります。そんな人に、ドラッカーは常にこうアドバイスをしてくれます。

「目先の業務から目線を上げ、その目的を考えよう。」

忙しい時ほど、目先のことへ下がった目線を一旦上に上げてみましょう。「自分の仕事は本来何だろうか?」「自分はどういう仕事をするためにここにいるのか?」、もっと言えば、「自分は貴重な命を使ってどんな仕事をしたいのだろう?」という問いを、目線を上げて考え直してみることです。

自分の「仕事」を感じられる瞬間

私自身もコーチング技術を学んだ、ＣＴＩ（Coaching Training Institute）ジャパン（現・株式会社ウェイクアップ）の設立者で、今はご自身で生き方や働き方に関する様々なプログラムとワークショップを手掛けられている榎本英剛さんという方がいます。榎本さんは、大手企業である株式会社リクルートを30歳の時に退職、ご自身がもともと強い関心を持っていた「仕事」というテーマを深く学ぶために米国の大学院に自費で留学されます。その時の思いを、著書でこう語っています。

「サンフランシスコでの留学生活が始まってまもなく、私はある不思議な感覚が自分の中に芽生えていることに気がつきました。それは、会社を辞めて、もういわゆる『仕事』はしていないにもかかわらず、自分は今『何か重要なことをしている』という感覚です。

会社を辞めることで、仕事社会からドロップアウトしたと思っていた私にとって、この感覚は意外なものでした。どうして仕事もしていないのに、重要なことをしていると感じるのだろうか。そう自分に問いかけるうちに、私はあることに気づきました。それは、仕事とは『何か重要なことをすること』と私がとらえている、ということです。（中略）

そこで、私はこの思い込みを利用することにしました。もしも『何か重要なことをすること』が仕事であるとするなら、今こうして留学していることに『何か重要なことをしている』という感覚が自分の中にある以上、これを『仕事』ととらえることもできるのではないか。そう考えたのです。すると、その瞬間、自分の中でものすごい力が湧いてくるのを感じました。」

（榎本英剛著『本当の仕事——自分に嘘をつかない生き方・働き方』より）

自分のいわゆる主業務ではなくても、あるいはそれ自体からは大きな収入が得られていない場合でも、ふと「ああ、自分は今充実した仕事ができている」と思える瞬間があります。マネジャーの方であれば、悩んでいる部下の相談に真剣に乗りながら、彼らの成長を応援している時かもしれません。営業マンの方であれば、顧客を喜ばせたり助けたりするために努力し、難題に挑戦し、顧客から感謝の言葉を言ってもらった時かもしれません。

仮に対価が得られなくても同様です。自分が「これは自分自身の仕事だ」と思って没頭できれば、徐々にその仕事の価値を評価してくれる顧客が生まれ、結果として対価をしっかりといただける仕事になります。

「何をやりたいか」ではない？

私たちは、「自分は何をやりたいのだろうか？」と自問しがちです。しかしピーター・ドラッカーは、問うべき問いはそれではないと言います。

「なされるべきことを考えることが成功の秘訣である。何をしたいかではないことに留意してほしい。これを考えないならば、いかに有能であろうと成果をあげることは

なされるべきことを考える

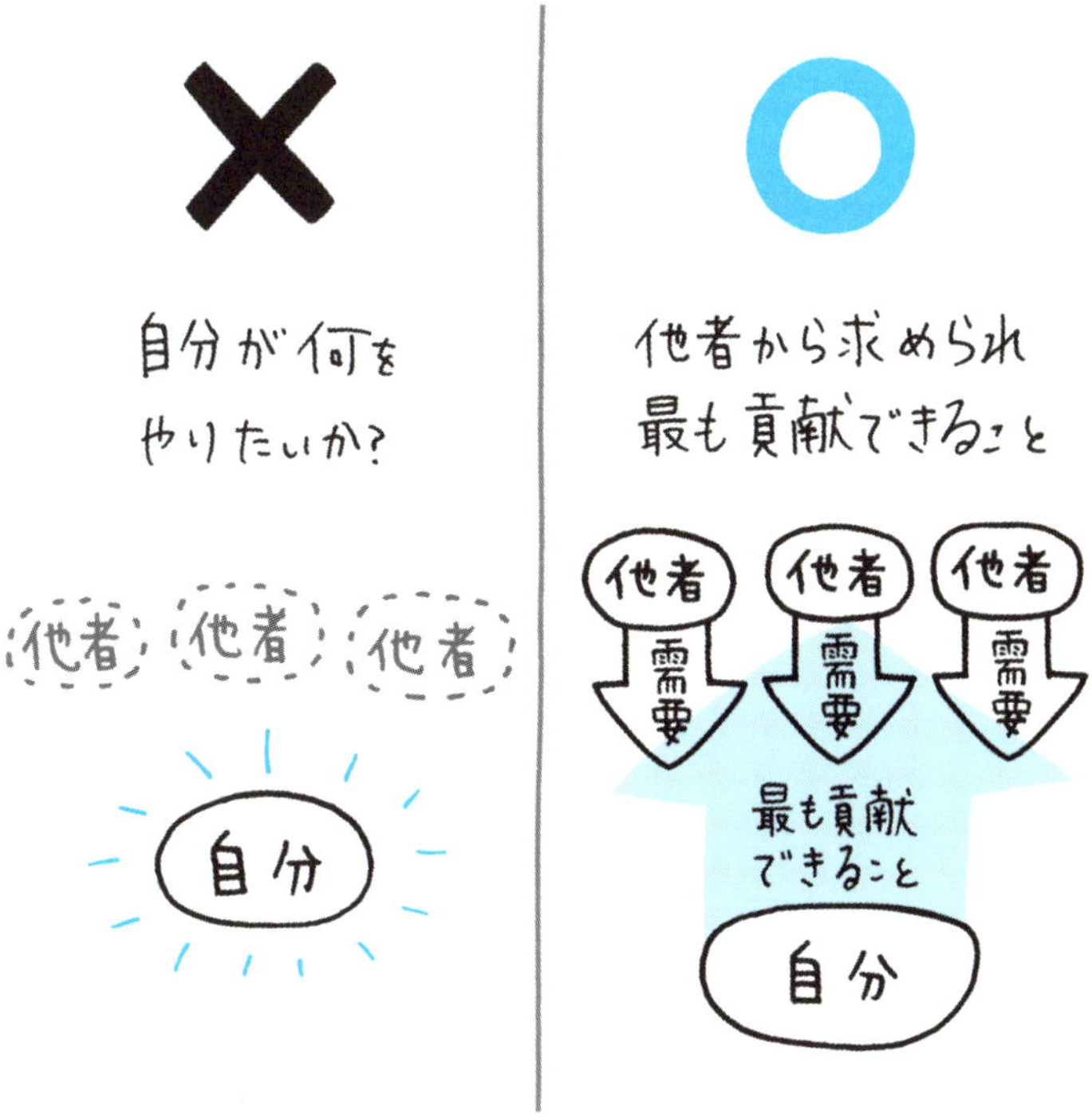

自分中心に考えるのではなく、
周囲への最大の貢献とは何か？　考えてみる。

できない。」
（ドラッカー『経営者の条件』より）

なされるべきこととは、簡単に言えば、自分が他者から求められ、且つ他者に最も貢献できることです。自分の周囲の環境を、世の中をより良くするために、周りの人をもっと幸福にするために、**自分にできる貢献**が何かということです。自分が何をやりたいのかという自分を主語にした考えではなく、周囲への最大の貢献を考えてみる。それが**自分の仕事**を考える重要なヒントになります。

「やるべきこと」とも違います。義務感ありきの発想ではありません。**自分によってなされるべきことを考えること**は、他者に貢献でき、自分自身も充実感を感じる仕事を考えることです。

ドラッカーはこのようにも言っています。

「無数の選択肢を前にした者が答えるべき問いは、正確には、何をしたらよいかではなく、自分を使って何をしたいかである。」

（ドラッカー『断絶の時代』より）

「何をしたらよいか」と「自分を使って何をしたいか」の違いは何でしょうか。後者は、**自分自身という資源を最大限に生かして**何をやりたいかを考える問いです。これが、まさに**セルフマネジメント**です。自分という資源を使って何をやりたいか考えることは、自分の強みや価値観、情熱の向かう先を深く掘り下げ、自分を見つめることです。その先にやりたいことを考えることで、**自分自身と深く繋がった**仕事の目的が見えてきます。

「顧客」が「仕事」を教えてくれる

見落とされがちな真のモチベーション

多くの組織とお付き合いしていますが、共通して出て来る課題認識が「社員の主体性、モチベーションをもっと高めたい」というものです。このために、様々なコミュニケーション手法やモチベーションアップのための研修講座も開催されています。

しかし、私はいずれも本質ではないと感じます。社員のモチベーションややりがいが最も高まるのは、もっとシンプルなことだと気づいたからです。そのきっかけになったのも、ドラッカーのこの言葉でした。

「企業の目的として有効な定義は一つしかない。顧客の創造である。」
（ドラッカー『現代の経営』より）

社員であれば誰であれ、**顧客（ファン）の創造プロセス**に自分が参加できている時が最も嬉しいものです。

ある会社の若手社員の女性に私が「仕事をしていて最もやりがいを感じたのはどんな時ですか？」と質問したところ、彼女は最近の重要なお客様への提案プレゼンテーションのことを話してくれました。彼女はそのプレゼンに同行はできませんでしたが、帰社後に上司がプレゼンでの成功を自分に報告してくれた際にこう言ってくれたそうです。

「君の作ってくれた、このページとこのページの内容、お客さんがものすごく興味を持ってくれたよ。」

全体のプレゼンテーション資料においては、それはごく一部の内容に過ぎませんでした。しかし、上司はあえてその資料が「顧客（ファン）」を創造した事実をその女性社員に伝えてくれたのです。それを聞いた社員は、入社以来最高のやりがい、喜びを感じたそうです。それは学生時代に感じた達成感やモチベーションとは異なる「仕事を通じて初めて経験する大きな喜び」でした。

自分の努力が**顧客（ファン）を創り出すことに貢献できている**、そう実感できる時に働く人のモチベーションは大きく高まります。この社員の方のように、「もっと成長したい」「もっと貢献できるようになりたい」と感じるのです。このように、**顧客（ファン）を創造している感覚に気づく**ことが、自分の仕事が何であるかに気づけるきっかけにもなります。

最初から対価を十分に得られない場合であっても、**顧客（ファン）づくり**を意識することが大切です。ソニー創業者の井深大さんは、「仕事の報酬は次の仕事」と語ったと言われます。ドラッカーの言っていることも同様です。顧客（ファン）を創造する素晴らしい仕事をすることで、次のさらに素晴らしい顧客、すなわち仕事が創られるということです。顧客を創ることによって仕事が創られ、適正な対価が支払われる関係性も生まれ、**世の中から求められ続ける事業**が育っていきます。顧客（ファン）を創っている時は、間違いなく大切な仕事をしている時と言えるでしょう。

AIにはできないこと

今すぐ、自分の「仕事」を再定義しよう

大企業であれ、中小企業であれ、ベンチャー企業であれ、あるいは自分自身で独立してビジネスをしている場合であれ、今すぐ**自分の仕事を再定義**してみることで、重要な仕事の目的が見えてくるはずです。今の業務への悩みや不満を漏らす前に、まずご自身で「そもそも自分の仕事とは一体何か？」という問いに対する答えを探ってみてください。その結果、ご自身の仕事の定義と、普段行っている業務との間に大きなズレがあるとしたら、何かを捨て、変えるべき時です。

自分の仕事の再定義

自分の仕事とは一体何か？を
探ることから始めましょう。

「自分によってなされるべき貢献は何か？」

「自分という貴重な資源を使って何をしたいのか？」

を考えてみてください。たとえ巨大な組織の中であったとしても、周りの声に惑わされることなく、自分自身の心の声に従った方が、中長期的にはきっと高い成果が挙がるはずです。自分自身が意味と目的を感じられない仕事に時間を使うのは、人生の時間を無駄に過ごすことになります。アップル創業者である故スティーブ・ジョブズ氏もこう言っています。


「人生は短い。他人の言いなりになるな。常識にとらわれるな。周囲の雑音に惑わされるな。そして、最も重要なのは、勇気を持って心の声や直感に耳を傾けることだ。何者になりたいのかは、自分が一番良く知っている。」

（アップル創業者　スティーブ・ジョブズ）


ＡＩ（人工知能）等の情報技術によって多くの人間の仕事が代替されると予想される時代です。しかし、ＡＩは仕事の遂行は代替できたとしても、仕事の「目的」「目標」をつくり出すことはできません。仕事を定義するには、複雑な社会の洞察、人間の洞察、戦略性、価値・倫理基準といった極めて人間的な感性と思考が必要となるからです。

「ノルマと命令」ではなく「使命と目的」でプロジェクトを動かす

ある著名IT関連企業の取締役の方が、こう言われました。

「最近は、会社の内と外の境界線がどんどんなくなっています。今推進しているプロジェクトでも、現場で責任ある仕事を担ってくれているのは殆どが別会社のメンバーです。我が社と彼らは、対等なパートナーの関係にあります。パートナーを命令・管理で動かすことはできません。事業の使命と目的を全員で共有できるよう努力するしかないのです。」

現代は、会社の境界線が薄くなっている時代だと言われます。「自前ではなく、社外の組織とパートナーシップを組んで」「縦割り組織ではなく、社内外に開放されたプロジェクト型で」という流れに移行しています。それは、大企業でも中小・中堅企業でも変わりません。社員だけでなく、社外のパートナーも、その仕事に誇りとやりがいを持って活躍してもらうためには、どうすれば良いのか。マネジメントは、考え方の刷新を求められています。**命令・管理ではなく、使命と目的によるマネジメント**へ。これは、この本で一貫してお伝えしてきたテーマでもあります。

人生を使って挑む価値がある「ミッション」は

海外の著名経営大学院でケースとしても取り上げられ、外国からの視察団が絶えない「テッセイ」という会社があります。テッセイとは、「JR東日本テクノハートTESSEI」（以下、テッセイ）のことで、JR東日本が運行する新幹線（東北・上越・山形・秋田）の清掃業務を請け負っている会社です。「新幹線お掃除劇場」で有名になった会社といえば、ご存じの方も多いかもしれません。

「新幹線お掃除劇場」が誕生したのは、2005年、矢部輝夫さんがテッセイの取締役経営企画部長に就任したことがきっかけでした。

現場を徹底的に見て回った矢部さんが気づいたのは、従業員の間に「自分たちはしょせん清掃スタッフ」という意識が蔓延していたことでした。清掃業務自体には非常にまじめに取り組んでいる。しかし、「いわれたことをそのとおりやってもらう」という会社の管理体制が、やる気を失わせているように矢部さんには見えました。社員と一緒に現場で仕事をし、対話をする中で、矢部さんは次のように繰り返し語りかけたといいます。

「みなさんがお掃除をしないと新幹線は動けないのです。だから、みなさんは、お掃除のおばちゃん、おじちゃんじゃない。世界最高の技術を誇る新幹線のメンテナンスを支える技術者なんだ。」

（佐藤智恵著『ハーバードで一番人気の国　日本』より）

繰り返しこの言葉を語ることで、徐々に現場から問題点や不満、改善案の声が上がるようになりました。結果として、社員が誇りを持って、目を見張るほどのチームワークで仕事を行うようになります。7分という短い停車時間内に、手際よく、高い技術を駆使して清掃を行い、その場で起きるさまざまな問題を現場で解決しながら仕事を終える姿と、整列して礼儀正しく新幹線の出発を見送るその姿が、国内外様々なメディアで取り上げられました。

テッセイの社員は、会社に雇用されていながらも、それぞれが「フリーエージェント」「セルフマネジメント」の意識を強く持っていると私は思います。

「私は使命と目的を持って、自分の技能に誇りを持って、この仕事をする」

このような意識を持った社員が増えたことで、逆に、組織力が高まったのです。

テッセイに見学にくる欧米のビジネスパーソンやＭＢＡ在学中の学生たちは、「お金以外の目的で、ここまで社員が主体的、創造的に仕事ができるのか」と驚くそうです。もちろん言うまでもなく、誰にとってもお金は重要です。しかし、これからの時代、人はお金以上に「やりがいのあるミッション、目的」に優先順位を置くことは間違いありません。

「ホットグループ」がいきいきと躍動する組織を

ノルマによる管理は「過去の遺物」に

本書の第1章で紹介しましたように、ノルマという言葉はもともとロシア語で、「半強制的に与えられた労働の基準量」を意味していました。苦役に対して使われていたこの言葉が現代社会でも普通に使われていること自体が異常です。これから飛躍する会社、人々が働きたいと思う会社は、「命令によって人を動かし、利益を出す機械的な組織」ではなく、「仕事を通じて人が強みを発揮し、成長とやりがいを実感できる生命力に溢れた組織」です。

私が米クレアモント大学院大学ドラッカー・スクールのＭＢＡ課程に在籍した際

に、同校でリーダーシップを教える恩師、ジーン・リップマン・ブルーメン教授から教わったコンセプトが私の中の指針になっています。「ホットグループ（Hot Groups）」というコンセプトです。カーター大統領政権下でアドバイザーも務めたリーダーシップの権威、リップマン・ブルーメン教授は、エリートが集まる官僚組織・大組織よりも、ベンチャー組織や地域コミュニティで増殖する小規模チームの方が生産性とスピードの面で遥かに優れていることに気づきました。20年以上前に世に出されたこの「ホットグループ」というコンセプトは、現代社会ではますますその重要性を増していると私は感じています。

ホットグループとは、端的に言えば、わくわくするミッションに向かう情熱集団です。やりがいのあるミッション（使命）を共有し、貢献と成長の場を求めて集まったメンバーが、組織構造に依存することなく自らリーダーシップを発揮しながらそのチームにおいて「自己ベスト」を更新するような仕事をする。そしてミッションが達成されたら一旦解散し、個々人がまた新しいミッションに向かう。そのような集団です。

「どうしてあんなすごいことができたのだろう」

ホットグループとは?

組織構造に依存することなく自らリーダーシップを発揮し、
ミッションが達成されたら
解散し、また新たなミッションへと向かう集団。

「あのメンバーのまとまりはすごかった」

「あのチームの一員になれて幸せだった」

このような経験は誰にでもあります。その時にあったチームこそがホットグループです。リップマン・ブルーメン教授は、「社会においても、企業においても、重要な局面で新しい歴史を作ってきたのは『個人』でも『(確立された)組織』でもなく『ホットグループ』だった」と言います。

11年前、ドラッカー・スクールの卒業生仲間4名でリップマン・ブルーメン教授の著書『Hot Groups』の日本語版を出版させていただきました(『最強集団ホットグループ奇跡の法則〜成果をあげる『燃えるやつら』の育て方〜』東洋経済新報社)。その中で、私は、訳者を代表して書かせていただいた「あとがき」を次のように締めくくっています。

「強いリーダーを待望するのではなく、自らホットグループを生み、その一員として大きな成果を成し遂げなければならない」

この思いは、今も全く変わりません。ノルマを中心にした機械的な管理で人が疲弊したり、働きがいを失ったりしている組織を見る度に、この思いが日に日に強くなります。

組織の経営者も、マネジャーも、また中堅社員も、若手社員も、誰もが「ホットグループ」を立ち上げ、その一員として最高の仕事ができる可能性を持っています。「現状を変えてくれる誰か」を待つ必要はありません。**自分の中にある「ホットグループ」の可能性**に気づき、少しだけ勇気を持って、小さい一歩からでも実行することで仲間が集まり、互いに貢献し、高め合う関係性が生まれてきます。

自立した個々が、心から共感できるミッションのもとチームとなった時の力は計り知れません。それに1人でも多くの人が気づき、行動を始めた時に、ノルマという機械的なコントロール手法は、間違いなく過去の遺物になるはずです。

ＡＩ革命よりも、働き方改革よりも大切なのは、私たちの仕事に、職場に、再び**「人間の意思の力」**を取り戻していくことなのです。

まとめ

働き方は「フリーエージェント化」「セルフマネジメント化」という大きな変化を加速させていく。

仕事とそのミッションに自分で責任を持ち、自由にチームを組んで仕事をする時代への移行期を我々は生きている。ノルマによる管理は文字通り時代遅れであり、人間が自身の意思を持っていきいきと働ける社会がもうそこまで来ている。

おわりに ――「人」に強い日本企業のマネジメントを再び世界へ

先日、ウィーンで開催されたある国際的な経営シンポジウムに参加して来ました。テーマは、ＡＩをはじめとした技術がますます進化する中で、「マネジメントの人間的側面（human dimension of management）」について私たちはどう考えるべきか、というものでした。数々の著名企業の経営者やＮＰＯのリーダー、また世界的に知られる思想家や経営学者たちの話の中で頻繁に語られたのは、「人間性」「理念」「使命」「倫理」「責任」「共通善」「イノベーション」「長期的視野」といった言葉でした。機械化がますます加速度的に進む時代だからこそ、人間にしか判断できない領域について深く真剣に考えていかなければいけない、というのが共通したメッセージでした。

ある登壇者は、

「経済や企業経営の形において、アメリカ型、中国型、欧州型のいずれも持続的な成功モデルを示せていない。私たちは第４の新しいモデルを見つけていかなければいけない」
と話しました。つまり、生産性も社会貢献性も高く、数字だけでなく理念、使命、倫理観も重視し、人間を大切に扱い、長期的視野に立った革新的なイノベーションを起こしていける、そのようなマネジメントの方法を見つけていかなくてはいけない、ということです。

その場で私は、こう考えました。

「それこそ、かつての日本企業が得意としていたマネジメントだ」

夜の会食の場でこの思いは確信に変わりました。私が日本から来たと知ると多くの人々が話しかけてくれました。

「日本はこれまで訪れた国の中で最も好きな国だ」

「鉄道やトイレがあんなに清潔に整備されている国はない」

「本当に日本の人に親切にしてもらった」

「今でも日本企業の製品の大ファンだ」

「家電や自動車において、日本企業が起こしたイノベーションは本当に素晴らしい」

私は、ウィーンの地で先人・先輩たちに心から感謝しました。

「素晴らしい事業活動を通じて、世界中の人に愛される製品やサービスや社会を創ってくれて本当にありがとうございます」

と。私に限らず、現代に生きる多くの日本人が、日本人であることで海外の人から好意的に接してもらえたという経験は少なからずあるはずです。それは、政治家や官僚の方だけが作り上げたものではなく、真摯に事業活動を展開した日本のビジネスパーソン全員が作り上げて来てくれたものです。

しかし、そのような、「人」「社会」そして「企業（組織）」の幸福と成功を同時に実現する日本企業のマネジメントが、活力を失ってから長い歳月が経っています。本書に書きましたとおり、過去の成功を数値管理によって安易に維持・再現しようとしたことで、働く人にとって夢と活力に満ちた職場が少なくなりつつあります。利益率や株価をむやみに追いかける経営方法の弊害も出ています。今こそ日本企業が「人」に強いそのマネジメント力を再び発揮して、世界に第4のモデルとして選択肢を示す時です。

私たちは、「数字」や「技術」に向けすぎている目線を、再び「人間」に向けなおすべきです。そのサービスで、その製品で、人間や社会はどのように幸福になるのか。作り手の想いや使命感がその仕事に込められているか。それを一人一人が問い直し、職場で自ら新しい一歩を踏み出す勇気が求められています。そうすることで、数字だけを見つめていた時には気づかなかったであろう、様々な新しい可能性が見えてくるはずです。

本書を通じ、読者の皆様にそのような感覚を持っていただけていたらこれに勝る喜びはありません。

最後になりますが、本書の構想から約2年半にわたり粘り強く支え、応援してくださった株式会社太田出版の河合佳子様、経営者の視点で本書内容について何度も本質的なご助言をいただいた岡聡社長に、心より御礼を申し上げたいと思います。

また、執筆を支えてくれた家族、妻の英美、息子の賢仁、娘の仁美にもお礼を言いたいです。人の成長とは何か、優しさとは何か、について毎日教えてくれているのが子供達です。彼らが希望に溢れて働ける時代を願って。

藤田勝利

プロフィール

藤田勝利（ふじた・かつとし）

PROJECT INITIATIVE 株式会社　代表取締役
Transform LLC　共同創業者

1996年上智大学経済学部経営学科卒業。住友商事株式会社、アクセンチュア社勤務を経て、2004年米クレアモント大学院大学P.Fドラッカー経営大学院（Drucker School of Management）にて経営学修士号取得。生前のピーター・ドラッカー教授及びその思想を引き継ぐ教授陣からマネジメント理論全般を学ぶ。専攻は経営戦略論とリーダーシップ論。世界のMBA成績優秀者に与えられるベータ・ガンマ・シグマ会員資格取得。

2005年より5年間、IT関連企業にてマーケティング、代理店販売、コンサルティングサービスの責任者を歴任。事業開発担当執行役員として複数の新規事業と事業部を立ち上げ、統括。

2010年に経営コンサルタントとして独立。現在、セルフ・マネジメント、リーダーシップ、イノベーション・新事業創造に関する分野を中心に、独自の「経営教育（Management Education）事業」を展開。企業のリーダーから大学生・高校生にまで、本質的な次世代経営リーダー（マネジメント）教育を届けるプロジェクトを幅広く展開している。
・ポジティブ心理学認定コーチ
・立教大学経営学部講師（2015年より）
・桃山学院大学経営学部ビジネスデザイン学科特任准教授（2019年より）
著書：
「最強集団ホットグループ　奇跡の法則」（東洋経済新報社, 2006年 共訳）
「ドラッカー・スクールで学んだ本当のマネジメント」（日本実業出版社, 2013年）
「英語で読み解く ドラッカー『イノベーションと起業家精神』」（The Japan Times, 2016年）等

ブックデザイン　小口翔平+岩永香穂(tobufune)
イラストレーター　村山宇希
編集　河合佳子
編集協力　今井晶子

ノルマは逆効果

なぜ、あの組織のメンバーは自ら動けるのか

2019年2月28日　第一刷発行

著　者　藤田勝利
発行人　岡聡
発行所　株式会社太田出版
〒160-8571
東京都新宿区愛住町22 第3山田ビル4階
電話03-3359-6262
http://www.ohtabooks.com
印刷・製本　中央精版印刷株式会社

ISBN978-4-7783-1661-7　C0034